子供がぐんぐん伸びる「オンライン学習」活用術

前田大介+松永暢史
教育環境設定コンサルタント

ワニ・プラス

学校閉鎖オンライン化。
教育における大変化到来。
オンライン教育の本格的始動。
もうこの流れは変わらない。

――松永暢史

はじめに

この本では、「受験のプロ」松永暢史《のぶふみ》氏の協力のもと「オンライン学習をフル活用して、お子さんの学習意欲を究極まで高め〝アタマのいい子〟にする方法、ひいては、できるだけ塾に通わずに受験を乗り切る方法」を紹介しています。

さて、本題に入る前にひとつ質問です。

休日、お子さんと一緒に、ある山を登ることになったとします。その山にはふたつのコースがあります。みなさんはどちらのコースを選びますか。

〈Aコース〉

岩場のコース。一合目から岩に囲まれて殺風景な山道が続く。

熱血コーチと一緒に登山。

周りの風景にも目もくれずひたすら登る。

ハイペース＆ストイック。

いかに険しい道のりでも、テクニックを駆使して登る。

〈Bコース〉

森林を抜けるコース。景観が美しく、八合目までゆるやかな道。
現地コーディネーターと一緒に登山。
森林の動植物の観察ができる。
ただ、山頂が見えたら岩場が現れる。
最後は登るのに苦労するので一気に山頂を目指す。

さぁどうでしょうか。
僕は断然Bコースを選びます。
子供と周りの景色を楽しみながら、山登りしたいです。
Aコースのようにハードな山登りを子供とやるのは気が引けます。
なんで登山の話かって?
山登りを中学受験に置きかえてみてください。
受験もBコースみたいに、楽しみながら切り抜けたいと僕は思っています。
とにかく「前を見て歩け!　山頂までもう少しだ!」みたいにストイックに頑張る期間

はできるだけ短くしたいものです。

やっと登り切ってもまた次の山――大学受験――があるのです。

「さぁ今度はもっと高い山に登るぞ！」と周りが張り切っても、「えぇ～これで終わりだと思ったのに……」と子供は意気消沈するかもしれません。


小学校の時間だって人生の貴重な時間です。子供の「やりたい！」という気持ちを尊重してあげたい。

中学受験するからといって、安易に進学塾に入れたり、無理やり問題集を解かせたりすると、学校が終わってから毎日何時間も勉強「しなければならない」ことになります。

これではまるで学校が終わってから〝残業〟しているみたいです。

未来のためにという理由で、我慢して勉強しても良い結果は望めません。

子供が受験勉強をしたいから効果があるのです。

そうすれば進学した学校でも順調に伸びていきます。

こんなふうに考えるのは、これまでの指導経験から、結局そのほうが子供の能力や学力を伸ばすことを嫌というほど目にしてきたからです。

簡単に自己紹介しておくと、僕は、松永暢史氏の教育方法に共感して、自らその門をたたき共に働いてきました。仕事の半分は家庭教師ですが、もう半分は、生徒たちと街をフィールドワークしたり、山で焚き火をしたりしています。「これは教えている子に必要だなぁ」と思えば、どこへでも出かけます。また、昨年（二〇一九年）からは、遠くに引っ越した生徒たちとつながるために、オンラインレッスンもはじめました。

つまり「生徒のために必要だ！」と思ったら、躊躇なく取り入れて行動する教師というわけです。

そんな思いついたらすぐ行動しがちな僕が、小学生に教えるときにいつも自問していることがあります。**それは、彼らにワクワクする学びを提供できているのかということです。**

子供ってけっこうシビアです。つまらなかったら、まったくやる気を出して動いてくれません。

やる気を失った子の学習意欲を復活させることは、子供の教育で最も大切なことだと思います。

しかし、この本で紹介するオンライン学習は、子供のやる気が自然とわき出る学習です。

教育で最も難しい、やる気を生むということを自然とやってのけてしまう。しかも継続しやすい無敵の学習法、それがここで紹介するオンライン学習法です。

なぜならこの学習法は遊びの延長で学べる方法だからです。

子供がウズウズして自分から学びたくなってしまうのです。だから、まだ受験するにはちょっと早いかもという子も試してみることができるのです。

受験勉強をするにしても、塾に通わずオンラインでほとんど完結させることができます。

そしてこの学び方こそが、これからの新時代を切り抜ける学習法の本線になっていくと考えられます。

丸暗記学習は、いまでは受験でほとんど通用しません。

上位中学校では思考型タイプの試験が増えています。

もう余分に覚える必要がない。それよりも目の前の問題に好奇心をもって立ち向かう力が問われているのです。

オンライン学習なら覚えることはコンピュータに任せておいて、これまでの丸暗記学習をやめさせることができます。

辞書や地図など昔からあるものがすべてスマホやタブレット一台につまっている。子供が自分から子供の知的好奇心のまま学べばいい。そんな使い方ができます。これほど便利なものをそのまま放っておいていいのでしょうか？

アメリカにはオンライン学習が十分に行き届いた小学校がすでにあります。動画授業を取り入れて無駄をなくし、子供にストレスがかかりにくい授業をおこなっています。「僕らの時代にこれがあったならなぁ」とうらやましくなるほど、いまの子供たちは恵まれた環境にいるのです。子供が遊びの延長で学習に取り組み、家にいながらも世界中の情報を仕入れることができるのですから。

そうやって、親子で一緒に楽しみながら、実際にオンライン学習をやってみるうちに結果的に受験勉強になっている。そんな学び方をお伝えできればと思います。

この本で紹介する学び方を参考に、それぞれのご家庭でデジタル機器を使って、楽しく、ストレス・フリーで受験に勝つ子が増えることを心から願っています。

二〇二〇年一一月

前田大介

目次

はじめに……2

序章 いまこそオンライン学習だ！……17

「授業を受ける」から「自分から学ぶ」へ……18

教育は火起こし……23

時代の波を乗りこなせる子供に育てるために……26
中学受験に勝つために何をすればいいか……34
大手塾はショッピングモール……40
どうしてオンライン学習を使って受験勉強すべきなのか？……44

第一章 オンライン学習の無限の可能性 51

ワクワクする未来の学び方を子供に与える……52
新時代の学力……57
地球全体が学校になる……60
全人類が〝先生〟の時代……62
一年で高校を〝卒業〟した子……64
真のオンライン学習……68
結局どうやって受験勉強すべきなのか……74

第二章 どんなオンライン学習からはじめるべきか 77
検索は脳の解像度を上げる …… 78
検索がうまいと国語もできるようになる …… 81
ネットジャングルの放浪 …… 84
情報のハンターになる …… 86
第三章 検索したくなる学習法 89
検索したくなる学習法とは …… 90
学習方法検索のコツ …… 92
好きな教科を尖らせる …… 100
問題集×検索 …… 103

フィールドワーク×検索 …… 108
つくる×検索 …… 110

第四章　塾に通わずに五教科を受験勉強する方法　115

＊算数＊
無料サイトの計算ドリルはやらない …… 116
特殊算は解りやすい図解動画を探す …… 118
数学の全体像がつかめる動画を見る …… 120
算数は学習アプリが充実している …… 121
HPをつくって無料でプログラミング学習 …… 122
＊国語＊
文章にすることで、すべてが国語学習になる …… 123
小説サイトに投稿して一発当てることを目指す中学生 …… 124
無料の読み仮名付きデジタル書籍を利用 …… 125
漢字嫌いにならない方法 …… 126

＊英語＊
動画学習で、小学生でも英検三級が狙える！……127
パズル×英語学習 math puzzle……129
『ハリー・ポッター』シリーズの無料朗読……131
ビデオ通話で「タンデムパートナー」を見つける……132
＊理科＊
実験動画学習……134
＊社会＊
散歩しながら画像検索！……136
歴史動画はマンガを超える教材！……137
暗渠散歩で地図の読み取りも得意になる……139
＊全科目共通＊
五教科学習サイクル……140
子供先生になる……142
第五章 受験に勝つ子のスマホの中身 143
勉強がはかどるスマホの設定……144

どこでスマホを使うべきか……153
学習用スマホに最低限入れておきたいアプリ……156

第六章 自宅学習の限界をどう乗り越えるか

自宅学習の限界をどう乗り越えるか……157
自宅学習の限界……158
中学受験をどう乗り切るか……160
羅針盤になる先生……168
いい先生の見つけ方……171
ほかの家庭とつながる……173
あとがきにかえて……178
巻末付録……182

オンライン学習とは

インターネットで講義・教材を配信する教育法。オンライン家庭教師などネット上で生徒とつながり、授業をおこなうこと。

本書では、スマホやタブレットといったデジタル機器を利用した学習アプリなども含む。

(例)動画授業、オンライン配信授業。デジタル教材。デジタル教材を公開するウェブサイト。あるいは教育的効果のあるウェブサイト。ビデオ通話を使ったマンツーマン授業や学習相談、多人数のディスカッション。専門家・知識人のオンラインサロン。作文が投稿できるブログサービスなど。

序章　いまこそオンライン学習だ！

「授業を受ける」から「自分から学ぶ」へ

●オンライン学習は塾の代わり？

この本ではオンライン学習について書いていますが、塾のオンライン授業や通信教育のタブレット学習のような教材を紹介することが目的ではありません。

真の目的は、オンラインをどうやって活用すれば、子供がワクワクして自分から学ぶようになるのかをお伝えすることです。

塾に行かずに自宅学習中心で学んでいこうとするとき、オンライン学習はなくてはならないツールです。

二〇二〇年の春、新型コロナウイルス対策による全国一斉の臨時休校期間がありました。これをきっかけに、通信教育のタブレット版やアプリ、動画授業などのオンライン学習を試した方も多かったのではないでしょうか。

しかし、勘違いしてはいけないのは、オンライン学習は単に塾や通信教育の代わりでは

ないということなのです。


それはどういう意味か。オンライン授業を受けているある高校生の話をしましょう。

僕は週末になると、中高生を対象にした自学自習の学習会を開いています。

ある日、オンライン授業を受けたいという高校生がいました。

彼は持参したノートパソコンで「学校指定の動画授業を再生したい」と。

デジタル機器を使った学習自体は問題ないので「いいよ」と返事しました。

それで、その子の動画授業を受けている様子を見たのです。

彼は動画を数十秒再生したら、あとはすっとばして、最後の数十秒までスキップ。

二〇分の動画授業をわずか一分くらいで「見たことにできてしまう」。

そうやって、数本の授業動画を彼は数分で終わらせていました。

「すでに理解している動画は見なくてもいい」というのが彼の意見でした。

ほかの生徒は「チート（ズルをするという意味のゲーム用語）じゃん」といってましたが、かくいう彼らもまた同じようなことをしているそうです。

そうなのです。

オンラインの動画授業っていくらでもサボることができるのです。

せっかく授業を受けているのに、どうしてサボるのか。ちゃんと聞くべきだ！

そう思う方もいらっしゃるでしょう。しかし、僕はこれが悪いことだとは思いません。

むしろここに自宅でオンライン学習を活用するヒントが隠されています。

オンライン学習は本来、カリキュラムどおりやる必要がありません。塾のように授業を受けるものでもないのです。

どこから授業を見ようが自由です。時間を拘束される必要がありません。

そう考えると、オンライン学習をやろうとするとき、誰かに習おうとしては失敗するのではないでしょうか。

習うよりも前に「一体何を学びたいのか？」という問いがなければ、学びたいことが学べないのです。

いいかえると、「なんとしてもわかりたい！」という切実な気持ちがまず子供にある。

それを便利に解決する道具がオンライン学習ということです。

●学び方の先入観を捨てる

ふつう勉強するといえば、授業をしっかり受けるところからはじまるのかもしれません。たとえば、小学生にまだ教わっていない漢字を説明すると「まだ習っていないからムリ！」とよくいわれます。

先生の話を聞いてから演習する。習っていないことはやらない。**「勉強はまず習うべきだ」と僕たちは刷り込まれています。**

「いわれた通りに行動できる子」は、学校で優等生扱いされます。しかし、いわれた通りに行動する子は裏を返せば、自分からアクションを起こす力があまりない場合も多いのです。

＊指示が出るまで動けない。
＊いま何をすべきか思いつかない。
＊自分から行動しない。

このような子は今後一生懸命勉強しても、その努力が報われない可能性があります。

オンライン学習を使えば、学年に関係なくどんどん勉強することができます。

このようにいっても、戸惑う方もいると思います。

いままで自分たちが受けてきた教育とまったく違いますからね。

オンライン学習は単純に子供ひとりで学ぶわけではありません。自宅にいながら、講義を聞くこともできる。困ったら、すぐにフォローしてもらうこともできる。

自由に学べるおかげで、子供たちの放課後の時間を効率良く使えることになります。

いままでだったら、学校が終わっていざ勉強しようとなると、「また勉強？」と嫌がっていたかもしれません。ところが、オンライン学習ならその日の調子で「やりたい！」と思えることからはじめられます。

できるだけ無意味な時間を減らし、最低限の学習時間を用意すれば、子供もやる気を失いません。やる気を保つことで、結果的に受験勉強を粘り強く続けていくことができます。

POINT
オンライン学習には子供に「学びたい」という意欲があることが大前提

教育は火起こし

●子供の心に火をつける

学校は人材と費用の問題で何かと仕方がない面もあるでしょう。もし能力に応じて子供一人ひとりに先生を用意しようとしたら、子供の数だけ先生が必要になりますし、その分、費用もかかるでしょうから。

だからこそ、**家庭では子供に合わせた学習プランを立てるべきではないでしょうか。**

みんなと同じカリキュラム、教材ではなく、その子の能力に合った指導、教材、課題を提案してあげたいのです。

そう考えると、子供を教育することは火起こしに似ているなぁと僕は感じます。

火起こしなんてしたことない、という方もいらっしゃると思うので、簡単に説明します。

僕はよく山で焚《た》き火をするのですが、着火剤を入れないで、種火から徐々に火をつけます。いざ火をつけようと思って、いきなり大きな薪《まき》にライターの火を近づけてもうまくいきません。

杉の枯葉や枯れ草に火をつけて、種火にして、杉の皮、小枝……というふうに少しずつ燃料を大きくしていかなければいけません。これにはコツがいるので、最初は苦戦します。しびれを切らして早めに大きめの薪を積んでしまうと火は消えてしまいます。小さな火がだんだん大きくなるように、風を送りながら、大きな薪に火が燃えうつる手助けをします。するといきなり火が大きな薪にばちばち音を立てて着火します。その後は薪を継ぎ足して、夜通し火を安定させます。


この手順が教育にぴったり当てはまると思いませんか。

火は「子供の学習意欲」、薪は「教材などの課題」だと考えてください。

苦手教科の勉強も、いきなり難しい教材を与えるとうまくいきません。その子の能力に合った、より簡単な課題からはじめるべきです。

少しやる気が見えたからといって、いきなり分厚い参考書を渡してもうまくいきませんよね。それではすぐに火は消えてしまいます。

また、**まだ遊び足りない子は目一杯遊ばせたほうがいいです。よく遊ばせると、しばらくしてかならずお尻に火がつきますから。**

その子の燃え方をよく見て、子供が自分でやる気になるように、心に宿る小さな火が安定した火になるまで、薪を足し、風を送りつづける「火起こし」のごとく、一人ひとりの子供の内なる火を少しずつ大きくする。これこそ教育だと思います。

子供が自分から、学びたいから学ぶという気持ちを燃え上がらせるのが、オンライン学習です。

そして子供に「はい、これやってみて!」と教材を渡すのではありません。子供自身が教材を選び出す。また、教えてもらいたい先生も自分で探し出す。

そういうアクティブさが求められます。

まずとにかく自分で「調べる・見てみる・やってみる」。

そしてこれはまさに文部科学省が定める「能動的に学ぶ」アクティブラーニングの方向性であり、これからの受験に勝つための秘訣でもあるのです。

POINT
自分で「調べる・見てみる・やってみる」が今後の受験に勝つ秘訣

・・・・・・・・時代の波を乗りこなせる子供に育てるために・・・・・・・・

●一般入試が「一般的」ではない

AIなどテクノロジーの発達によって、社会で求められる人材が変化していると、数年前から話題になっています。

「もうロボットのできることを人間がやる必要はない。単純な暗記学習はロボットに任せて、人間はロボットの管理と新しいアイデアを思いつくことが仕事だ」という風潮が文部科学省・教育業界にも影響を与えており、受験システムも転換期をむかえています。

みなさん、私立大学にAO・推薦型入試（以下推薦入試）で入学した人が、全私立大入学者のうち、どれくらいの割合かご存知ですか？

じつは推薦入試は全体の五〇％以上を占めています。（※注1）

※注1／文部科学省HP「国公立私立大学平成31年度実施状況の概要」より。国公立一般入試……一〇万五二四七名
推薦入試……二万三三四名　AO入試……四九四三名　全体……一三万一〇九六名　私立一般入試……二二万一三九六名
推薦入試……二〇万六六七二名　AO入試……五万六一八四名　全体……四八万五五〇六名

たとえば、早稲田大学は、推薦入試を今後六〇％まで引き上げると発表しています。一般入試はといえば、ここ一〇年で過半数を切り、二〇一九年度には全私立大学入学者の四五・六％までになっています。

つまり、一般入試のほうがもはや一般的ではないのです。

国公立大の入試も今後一般入試以外の選抜を三〇％にするとしていますし、（※注2）一般入試だけ目指して高校生活を送っているとかなりリスクが高いことになります。

この受験の方針転換は何を意味しているのでしょうか。

推薦入試で入る子を増やそうというのは、やりたいことを探究している子を学校側が欲しいと思っている証拠です。

これからの受験勉強は、ただ勉強ができるだけではいけないのです。

自分のやりたいことがあって、自分なりに探究している必要があるということです。

※注2／国公立大は一般入試以外の選抜三〇％を目標にしている。たとえば、東大は二〇二〇年度に推薦入試を一〇〇名募集している（一般入試は二九六〇人）。

●実生活で活用できる学力が求められている

受験システムの変化は、PISA（※注3）の結果や学習指導要領の改訂に基づいています。

PISAとは、OECD（経済協力開発機構）が三年おきに実施する国際的な学習到達度調査で、この調査の目的は「これまでに身に付けてきた知識や技能を、実生活の様々な場面で直面する課題にどの程度活用できるかを測る」ことです。

数年前、PISAの結果により先進国のなかで年々日本の学力が低下していることが明らかになり話題となりました。

じつは二一世紀以降、学習指導要領がPISAの目的と重なるように改訂されています。

学習指導要領では、学校教育で重視すべき学力の要素として三つを挙げています。（※注4）

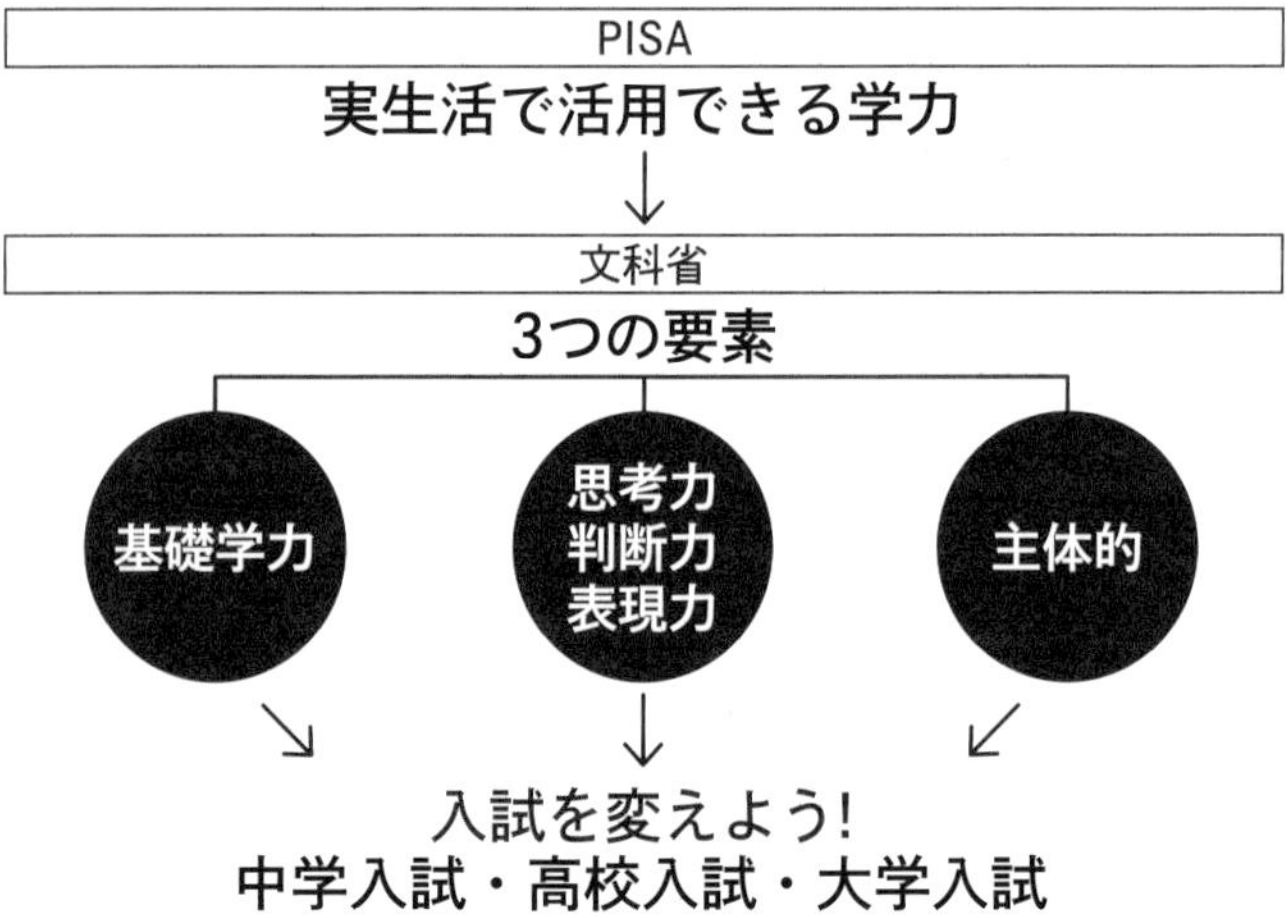

（1）基礎的な知識や技能を身につけること
（2）それらを活用して課題を解決するために必要な力、思考力・判断力・表現力を育むこと
（3）主体的に学習に取り組む態度を養うこと

これを中学受験に当てはめるなら、中学受験でしか使えないような知識はほとんど出題されなくなることを示唆しています。知識は「基礎的な」ことだけでいいのです。

今後は、中学受験から大学受験までＰＩＳＡや学習指導要領の改訂などをもとに、自ら考え発信する力が重視されるでしょう。

※注３／ＰＩＳＡは、義務教育修了段階（一五歳）を対象とする調査。読解力、数学的リテラシー、科学的リテラシーの三分野（実施年によって、中心分野を設定して重点的に調査）がある。

※注４／学校教育法第三〇条第二項が定める学校教育において重視すべき三要素。「前項の場合においては、生涯にわたり学習する基盤が培われるよう、基礎的な知識及び技能を習得させるとともに、これらを活用して課題を解決するために必要な思考力、判断力、表現力その他の能力をはぐくみ、主体的に学習に取り組む態度を養うことに、特に意を用いなければならない」

●どうしても素通りできないことがある

この受験システムの転換を象徴するのが、東大の推薦入試です。

＊人間の脳の言語学習の限界を研究するべく四〇言語を研究していた
＊漢字を研究して、ソフトウェアを開発した
＊小学生のころからプランクトンについて研究するため専門家のところへ何度も訪れた
＊海外旅行で貧困層の現状を目の当たりにして、感染症の治療薬開発に興味を持った

これらは東大推薦入試に合格した子たちの例です。（※注5）
二〇一六年から導入された東京大学の推薦入試は現在では一〇〇名程度募集されており、このようにやりたいことをやり続けた結果、合格を勝ち取っています。
彼らに共通しているのは、どうしても素通りできないことがあって、それをしつこく探究し続けているということです。

※注5／『キミの東大　高校生・受験生が東京大学をもっと知るためのサイト』「東大生インタビュー」より。

これは一朝一夕で磨かれるものではありません。できることなら、幼いころから自分のやりたいことを探究する習慣を持たせることが必要でしょう。

もちろん、これまでの知識暗記が完全に不要になったわけではありません。しかし、国立大学トップである東京大学が変化している以上、ほかの大学に大きな影響を与えるのは間違いありません。そして、東大合格を筆頭に上位大学合格を目指していた御三家をはじめ、難関中高一貫校もその方針を変えざるを得ないでしょう。

したがって、中学受験でしか使わない知識を覚えているだけでは後で損することになります。

こういった流れを考慮すると、中学受験が終わっても子供が成長しつづけるように受験勉強させたほうが、そのあとの受験でも勝てる子に育つと思いませんか。

●どんなことにも前向きにおもしろさを感じようとする

自分のやりたいことを探究している子供たちは、「なんか、この子はこれで食べていけそう」と思わせるくらい、やりたいことに熱中しています。

やりたいことをとことん探究するほど好奇心の強い子は、自分の好きなことだけではなく、さまざまなことに関心を持って、吸収しようとするものです。また、どこに自分のやりたいことに関わるネタがあるかわかりませんから、どんなことにも前向きに、おもしろさを感じようとするでしょう。

そういう子供は、そもそも勉強すること自体を「苦」だと感じずに、自分を高めることを快感に思っているはずです。

「やりたいことの探究」とは、ただ好きなことをやるという意味ではありません。

そんな一筋縄ではいかないことです。

突き詰めてみれば、苦手なことも乗り越える必要があったり、いままで目を背けていたことに立ち向かわなければいけなくなる状況もあります。

そういうことに忍耐強く向き合えるからこそ探究し続けられるのです。

つまり、やりたいことの探究を入り口にして、苦手なことでも取り入れようと努めることになります。

もちろんこれは他人に強制されることではなく、自分自身がやりたいからこそ立ち向かうことができるのです。

こんなふうに自分を高め続けているのなら、将来好きなことで会社を立ち上げるのも夢ではありません。

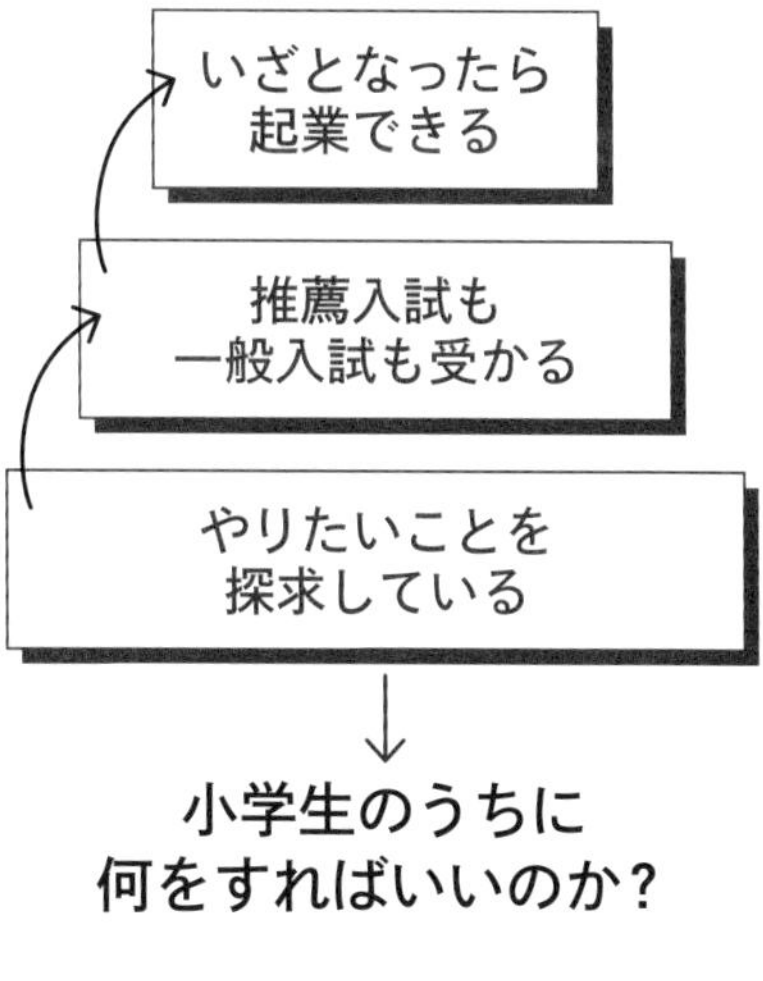
いざとなったら
起業できる
推薦入試も
一般入試も受かる
やりたいことを
探求している
小学生のうちに
何をすればいいのか？

POINT

幼いころから「自分のやりたいことを探究する習慣」を子供に持たせよう

中学受験に勝つためには何をすればいいか

●知識がなくても解ける問題が合否を分ける

さて、それでは中学受験の現状はどうなっているのでしょうか。

すでに中学入試の上位校のほとんどの学校では、知識がなくても解ける問題が合否を分けるといえます。

中学受験といえば、ふたつに大別されます。

ひとつは、私立・国立入試。受験といえばまずこちらをイメージするかもしれません。

もうひとつが、十数年前にできた「適性検査」と呼ばれる試験です。

全国の公立中高一貫校で実施され、いまでは私立中でも「適性検査型入試」として導入されはじめています。これらはPISAを意識して作成されていて、小学校で習ったレベルの範囲で、思考力をもとに解けるように問題が設定されています。

適性検査では、答えを出すだけでなく、プロセスを論理的に記述する力が求められます。

たとえば、算数なら文章題の答えよりも、どうしてその答えになるのか、計算式を交えながら文章で説明する問題が出題されます。また、社会なら年表を覚えるのではなく、「どうしてその事件が起こったのか」などの時代背景を語る必要があります。

これらは「どうしてその答えになるのか、そのプロセスにまで興味を持てるか」、いわば心のなかに「探究するタネ」があるかどうかを見極めようとしています。

適性検査では、いわゆる私立中受験で必要となる知識を覚えている必要がありません。その場で読んで内容を理解できれば、問題が解けるようになっています。

麻布中や渋谷教育学園幕張中など、かねてから思考力を問う問題中心の私立中もありましたが、いまは多くの私立中学校がその方針に近いかたちをとろうとしています。

実際、適性検査型ではない私立中難関校の一般的な入試でさえ、知識がなくても解ける問題が数多く出題され、それらが解けるかどうかが合否を分けるほどです。

すでにそのような状況ですから、これまでどおりの中学受験勉強では通用しない可能性があります。

つまり、**私立中学であろうと、公立中高一貫校であろうと、文章を読み取り、自分で考え、表現する力が求められているのです。**

●読み書きのできる子が勝つ

新しいタイプの中学入試にどう対応すればいいのか？

特別な教育をほどこす必要はありません。基礎学力が何よりも大切なのです。

以前から「読み書き計算」が基礎学習といわれていますが、本当にその通りだと思います。

とくに、**読み書きができるようになることが受験のコアです。**


昨年（二〇一九年）の東大推薦合格者第一位の高校がどこかご存知でしょうか。

それは広島県の公立中高一貫校である広島中学・高校です。

この学校では、中学で「ことば科」、高校で「卒業研究」という論理的思考力・文章表現力育成に力を入れる教育をおこなっています。

同校の先生は入試でいい結果が出た理由として、読み書きのトレーニングを徹底することで「論理的に考える力や面白い視点を見つける力が磨かれたのではないか」（※注6）と考えているようです。僕もそう思います。

広島中学・高校の成功によって、今後私立中学でも、「論理的に読んで書ける子」をさらに欲しがるはずです。そういう子がこれからの大学受験でうまくいくと証明されたわけですからね。

そもそもどの教科も日本語で書かれています。算数だろうが理科だろうが、何を書いているか理解できなければいけないという意味では国語と同じです。

とくに中学受験は教科の垣根を意識するほど専門性が高い知識が問われるわけではありません。教科書や解説書を読んで、内容を理解できるなら、問題も簡単に解けるでしょう。

詳しくは第四章でお話ししますが、**全教科読んで、文章で内容を説明できるようになれば、私立中試験だろうが、適性検査だろうが、十分に対応できるのです。**

※注6／東洋経済オンラインの記事『東大推薦で全国1位、県立広島のスゴい育て方』（二〇一七年七月）より。

●遊ぶことで学力が上がる

子供が「遊びたい！」と思っているなら、それを止める理由はありません。どんどん遊ばせるべきです。

僕がオススメしている遊びは、子供がエネルギッシュになる遊びです。遊び終わったあと、頭がぼーっとしてしまうような遊び方はあまりいい遊びとはいえません。

その後、別の活動へのやる気が起きるような遊び、気持ち良く自分を高めるきっかけになるような遊びならどんどんやるべきです。

どんな遊びかといえば、小学生のころは「外遊び」「友達との遊び」です。

とくに、さまざまな年代の子供と縦割りで遊ぶことはとても学びが多いです。ひとりっ子が多くなった現代では、「擬似兄弟関係」から貴重な体験を得られます。

年齢が違う子や能力が違う子が交じって遊ぶとなると、参加する子供たちによって、遊びのルールも変えなければいけません。

自分よりできないからといって足手まといとしないで、その子もうまく交じって遊べるようにアイデアを出す必要があります。外で友達と遊ぶことは非常に頭を使うのです。

また、うまくいかなければルールを変更することもあります。

思考力・判断力が問われる現代の入試においては、こうした遊びの体験が直接受験に役に立つといえるでしょう。問題集を解くだけではこうした能力はなかなか身につきません。

また、川遊びや登山などの自然体験は多くのエネルギーを子供に与えてくれます。

とくに火や川や海のように「動いている自然」に対面することを子供は求めています。

休日に子供をキャンプに連れ出せば、みるみるうちにエネルギッシュになる姿を目の当たりにすることができるはずです。

このような体験によって、彼らはリフレッシュするだけではなく、目の前の変わり続ける状況を観察し、どう行動すべきか判断する力を自然と身につけることになります。

遊びが結果的に子供の学力を伸ばすことを、中学受験をするなら忘れてはいけません。

POINT

中学受験に勝つためには、「読み書き」と「遊び」が重要

大手塾はショッピングモール

●中学受験はやることが多い？

やりたいことを探究する。読み書き計算。思う存分遊ぶこと。たしかに大切だけど、好きなことばかりやっていたら、もしかしたら受験に間に合わないかもしれない……。受験システムもめまぐるしく変わっているし、中学受験に必要な知識を覚えつつ、思考問題の対策もしなきゃいけない。自宅学習だけでは太刀打ちできないのでは……。

心配ご無用です。オンライン学習を使えば、二、三年もかからずに終わらせることができます。でも、オンライン学習の使い方を知らないと不安になるのも当然かもしれません。どうしようかと悩んでいるところに、パッと目に入ってくる塾の広告。「合格実績あります！　私立・国公立中受験・適性検査すべて対応！　授業後も手厚いフォロー！」

塾に行けば、受験に関係することがだいたい全部取り揃えられている気がする。**大手塾には、行けば何でも揃えられるショッピングモールのような安心感があります。**

●塾に通い続けるべきなのか

塾に通うことは、それなりにリスクがあります。具体的なリスクは以下のようなものです。

＊単科受講できない場合が多い

苦手な教科だけ受講という選択はたいていの場合断られます。仮に、一教科だけ受けることができたとしても、四教科分の料金を請求されることさえあります。

＊得意教科も苦手教科も、ほかの子と同じ進度でやらなければいけない

得意な教科ですでに解っていることの授業を何度も受けることになるかもしれません。せっかく塾に行くなら、思う存分成績を伸ばせるようにしたいものです。

また、苦手教科の授業はもっとゆっくり教えてもらったほうが解りやすいという場合もあるでしょう。

＊塾の先生の教え方が子供に合っているとは限らない

いい先生に当たればラッキー。そうでなければ、失敗。

あの先生はいいんだけど、こっちの先生は合わないなぁ……。先生を一部代えてほしいと思っても、大手塾だとなかなか融通が利きません。

＊学習相談をしても、本当に子供のためを思っていってくれているのか判断しづらい

塾はあくまで組織なので、各講師の個人的な教育方針を実践するには限界があります。「この子は別の塾のほうが向いている」と塾の先生が思っていても、まさか「あなたのお子さんはうちの塾は合ってないからほかの塾に行ったほうがいいですよ」とは、なかなかアドバイスできないものです。

＊一度入塾するとやめづらい

友人が同じクラスにいると、塾をやめづらい。そういって通い続ける生徒が僕の周りにかなりいます。それで、結局ズルズルと向いてない塾にそのまま通うことになってしまう。時間もお金も無駄になってしまいます。

そんなわけで、**考えなしでとりあえず塾に行くことは「ギャンブル」です。**

もちろん信頼できる塾講師もたくさんいます。僕自身も進学塾で働いていたことがありますが、本当に子供を伸ばそうという熱意ある同僚にも出会いました。

とくに、学校教諭を目指している同僚は、少しでも教育という仕事に携わりたいという動機から塾講師を選んでいました。彼らはアルバイトという立場にもかかわらず、子供たちへの想いが非常に強かったことが印象に残っています。

しかしながら、塾自体は営利目的なので、本当に子供の教育に必要かどうかよりも、収益を優先します。それは、預けるほうからすると、リスクがあるということなのです。

このようなことから判断すると、塾に通うのはファースト・チョイスではないことは明白です。

まずは自宅学習を充実させ、それでも不満がある場合に通塾を検討するほうが賢明だと僕は思います。

POINT

まずオンライン学習を試してみてから、次善の策として塾を考える

・・・・どうしてオンライン学習を使って受験勉強すべきなのか？・・・・

●やる気がないなら勉強しなくていい

子供にあまりやる気がないとき、無理にやらせるという考え方を、僕は変えるべきだと思います。

子供にやる気がないなら勉強させなくていいのです。

やる気が出ないからといって、安易に塾に行かせると余分な授業時間が増えます。勉強時間を増やしても能力が伸びるわけではありません。しかも塾代がかかる。

結局、子供が勉強嫌いになったり、自分から学んでくれなくなったりするのは、その学び方が本人と合っていないからです。

その子に合ったやり方で、できるだけ短時間で終わらせるように工夫するのです。

本人が自分から少しでも前向きになるようなやり方を提案すれば、やる気になってくれるはずです。

●時短でちゃっちゃと〝料理〟する

ここでオンライン学習の出番です。

オンライン学習のメリットは「短時間で必要なことだけ学べること」です。

通信教育のタブレット版にチャレンジするとしても、好きな順番でやってよいのです。決められた順にやる必要はありません。

子供が「解らないなぁ」と思っている単元、問題の解説部分だけ閲覧します。動画授業を閲覧するとき、すべて再生する必要はありません。解っているところはスキップして自分の必要な箇所だけ見ればいい。

そんなふうに柔軟に教材を使えるのがオンライン学習のいいところです。

さらに大切なことは、インターネットで子供のやる気の出る学び方を見つけることです。

まるで本屋でおもしろそうな本を探すように、子供がこれならできそうと思える勉強法を検索して見つけ出します。誰に習うかわからない塾に入るよりも前に、まずはインターネットで自分の好きな教え方をしてくれるひとを探すことからはじめるべきです。

そのようにすれば、子供の心にかすかな種火が現れます。この小さな火がとても大切です。

●勉強嫌いにさせたくない

何か新しいことを知ったり、わかるようになることってとても気持ちがいいことです。説明を聞いて「なるほど！」と感動することもありますよね。

そういう喜びを感じられるのが勉強なんだと子供たちはあまりわかっていません……。

勉強と楽しいこととが、分断させられてしまっている。なぜでしょうか？

それは子供が「聞きたい！」「やりたい！」と、自分から学びたい気持ちになる前に、受け身のまま勉強させてしまう環境の問題だと僕は思います。

いい先生なら、「どうしていま、この教科の勉強をしなければいけないのか」を伝え、子供に学ぶ動機を与えてくれます。しかし残念ながら現実はそんな先生ばかりではありません。

集団授業なら決められた時間に決められた教科を勉強します。

それはそれで仕方がないことかもしれませんが、**子供が何をやりたいのかという気持ちを後回しにしているのは事実です。**

そして、納得がいかない子供たちに「我慢して勉強しろ」といえばいうほど、子供が自分から学ぼうという意欲を奪うことになります。

自分から学ばないからいくらやっても成績が伸びない。だからもっとやる気を失う。受験で成功したいのに、どんどん受験勉強から遠ざかる。悪循環です。


どうしてオンライン学習を使うのか?

子供を勉強嫌いにさせたくないからです。

やりたいことを我慢してガリガリ受験勉強するという時代はもう終わりにしましょう。

子供の気持ちを最優先して楽しみながら受験を乗り越える。

そのためにオンライン学習を自由に使いこなします。


解らないことがあったら自分で調べる。やり方が合わないなら、自分に合った学び方を自力で探す。イヤイヤ受け身のままやるのではなく、自分からすすんで学んでいくことからはじめます。

もし子供がどうやって探せばいいかわからないなら、大人がアドバイスする。

それが周りの大人の役割です。逆にいえば、それ以上の大人の役割はないと僕は思います。

●遊びの延長で受験勉強する

そもそも勉強嫌いになる前に、はじめから楽しさを伝える学び方を実践したほうがいいと思いませんか。

本人が問題集をやりこんだり、授業を聞いたりするのに気が進まないのなら、遊んでいるかのように思える学び方を提案してあげるといいでしょう。

遊びの延長で受験勉強ができたら、幼稚園児だろうが、低学年だろうが、中学受験に備えることができます。遊びと勉強を分け隔てする必要はありません。

本人が嫌がることは後回しというか、そもそも嫌だと思わないようにしてあげること。「小学四年生から中学受験勉強だ！」とか、「低学年から準備するんだ！」とかいって、塾に入れるのは得策ではありません。

詳しくは第六章でお話ししますが、**受験のために、一気に追い込むのは最後の半年くらいです。それまでは楽しく受験勉強すればいいのです。**

●やりたいことに夢中になる時間をたっぷりとる

さて、このように工夫して、子供の心に灯った火を大切に扱うことができれば、やりたいことに夢中になる時間もたっぷりとることができます。

これこそ最も子供が賢くなる時間ですから、できるだけ長く続けましょう。

好きな教科をとことん伸ばします。学年のカリキュラムは無視したってかまいません。

ほかにも虫取りや編み物、ものづくりなど勉強と直接関係なさそうなことでも本人が夢中になる時間を十分とります。

やりたいことに夢中になるならなんでもいいのかって？

子供が賢くなっているかどうかを判断する秘訣は顔。子供の顔をよく観察してください。

いままで幼いころから子供が集中して賢くなる瞬間を見てきたはずです。

赤ん坊でさえも、口を尖《とが》らせ、おぼつかない手先でおもちゃを熱心に転がします。

そういう顔になるような行動の連続が子供を賢くしてきたのです。

あの顔を思い出してください。あれが連続していれば、大きくなっても変わらず子供を発達させます。

やっぱり、ただ受験に合格するためだけではなく、子供が持っている才能の芽をつぶすことなく、将来の仕事や生活に役立つように育ててあげたいと思いませんか？僕はそういう教育を目指すべきだと思っています。そして、オンライン学習は、子供の才能を最大限に伸ばすために活用できるツールです。

オンライン学習を使うことでもっと受験勉強が楽しくなる。そんな使い方をしたら子供ももっと学ぶ喜びを感じてくれるに違いありません。

ポイントは「勉強だと思わせない」という点にあります。

どれもほぼ無料でいますぐ実践できることばかりです。

子供が自分から学ぶ気になれば、あとはそれを続けるだけ。そうすれば、自然と結果もついてきます。

そういう子供の〝やる気スイッチ〟をオンにする本として役立ててもらえたら幸いです。

POINT

「遊びの延長」「勉強だと思わせない」がオンライン学習のポイント

第一章　オンライン学習の無限の可能性

ワクワクする未来の学び方を子供に与える

●オンライン学習はSFっぽい？

ネットがない時代だったら、休校期間はもっと大変だったかもしれません。子供が自宅で勉強していて、解らないことがあったら、親がいつも質問に答えなければいけません。

そんなの答えてあげればいいじゃないかというひともいるかもしれませんが、親が自分自身の仕事に集中しているときに、たまたま子供の質問が連続すると、そのたびに仕事を中断しなければなりません。これはかなりのストレスになるでしょう。

また、親が教えるだけだと、その子に合った教え方かどうかわかりません。もしかすると別の方法のほうが、子供にとってやりやすいかもしれません。

でも、**いまは家にいても、誰かとつながることができるし、ネット検索すれば多くの疑問が解決します。自分のやりたいやり方も見つけることができます。そして、周りに合わ**

せて勉強するのではなく、自分のやりたいように学べます。

数ヶ月の休校期間中、僕はＺｏｏｍを使って、小学生たちと毎日「朝の会」をやっていました。学校がないし、子供たちも家で何をすればいいのかわからないということではじめたのです。

朝、画面越しにみんな集まると、その日の学習計画をそれぞれ発表します。

やる気があるうちに苦手教科をやって、疲れたら好きな教科をやって、昼からピアノを弾いたり絵を描いたりというふうに、自分で学習内容と時間割を決めてもらいました。

また、解らない問題があったら、ネットで調べる方法もアドバイスしました。

休校期間中、子供たちとはじめてＺｏｏｍでつながったとき、秘密結社のやりとりみたいでワクワクしました。まるでＳＦ映画の戦闘シーンで作戦を伝えあっているようで。

オンライン学習って、ちょっと未来の学び方という感じでワクワクします。

このワクワク感は、子供たちが学習するうえでとても大切です。

こんな学び方を今後も続けていけたらいいのになぁと思います。

●家庭教師の正しい使い方

僕が家庭教師として個人レッスンをするとき、初回のレッスンで生徒に必ずいうことがあります。

それは「解らない問題は全部質問してね」です。

家庭教師の最も効果的な利用法は、解らない問題をすべて教師に解説させることです。これなら、短時間で苦手科目も解るようになります。

しかし、このことをよくわかっていない生徒が多いのです。

たとえば、算数の新しい単元を学習するとします。

彼らは何も予習しないで、一から教えてもらおうとする。単元の解説もまったく見ていない。もちろん問題も解いていない。その状態で家庭教師にレッスンしてもらおうとする。

こういう子供は珍しくありません。受け身であることが染みついてしまっている。

先生に解説する単元や演習すべき問題を準備してほしいという姿勢なのです。

本当は、新しい単元を習うとしても、先に自分である程度勉強しておいて、質問を用意したほうが話が早いのです。

さらに厄介なのはこのあとです。

「自宅で復習しておいてね」と課題を出してレッスンを終えます。

すると、次回のレッスンのときに「この間の課題で質問ある？」と聞いても「質問はありません！」となる。

でも、そんなはずはない。こちらは解るか解らないかギリギリのレベルまでを課題にしているのに、全部ちゃんとできるわけがありません。質問のない子というのは、自宅で復習して解った気になっているだけなのです。

それで実際チェックテストをしてみるとボロボロ……。

問題を解いても自分から学ぼうとしていないので、質問も出てこない。結局理解はできていない。こんなことが多々あります。

つまり、自分から学ぼうとして、「これってどういうことなのかな？」と頭を働かせないと、学習効率がものすごく悪いのです。これはオンライン学習でも同じことがいえます。

効率が悪いと、費やした時間が長くて疲れるだけです。やらなきゃいけないことはさっさと終わらせて、やりたいことをやればいいのに、と気の毒に思ってしまいます。

●オンライン学習の正しい使い方

オンライン学習は、コストをかけない学習ツールとしては最強です。自分の好きなことをマイペースに学べ、自宅で自分だけに教えてくれるからです。しかし、動画授業を聞くだけではそのメリットを最大限に利用しているとはいえません。受け身では効率が悪い。**つまり、オンライン学習は家庭教師のようなものとして考えるべきです。**

自分の疑問をすべて解決してもらえるのだから、子供には自分からどんどん情報を引き出す姿勢を持ってもらう必要があります。

まずは、子供が何を知りたいのか、どうやって学びたいのかをしっかり確認してください。そこからオンライン学習をはじめないと高い効果は望めません。

「嫌だなぁ」と気持ちがノらないと、子供は先へ先へとどんどん学習することはありません。この「どんどん」が学習効果を最大に引き上げますし、自分から「学びたい」と思うからこそ〝無料の家庭教師〟を最大限に利用できるのです。

POINT 子供が「受け身」だと、オンライン学習といえども効率が悪くなる

新時代の学力

●スマホはゲーム機なのか？

スマホさえあれば、さまざまな情報が手に入る時代です。

オンライン学習を成功させるためには、デジタル機器を使いこなせるようになることが大切です。

しかし、子供たちの状況は、けっこう深刻……。

次ページの図1〜3を見てください。

二〇一八年のPISAの調査資料をもとに国立教育政策研究所が作成したものです。

図1「コンピュータを使って学習ソフトや学習サイトを利用する」では、日本はOECD加盟国中最下位です。一方で、図2「一人用ゲームで遊ぶ」は加盟国中トップです。

つまり、**日本の子供たちの多くが、デジタル機器を連絡手段かゲーム機としてしか使っていないということです。**

学校外での平日のデジタル機器の利用状況の国際比較（2018年）

あなたは、次のことをするために学校以外の場所でデジタル機器をどのくらい利用していますか（携帯電話での利用も含む）。

■毎日　■ほぼ毎日　■週に1～2回　■月に1～2回　■まったくかほとんどない　■無回答・その他

図1　コンピュータを使って学習ソフトや学習サイトを利用する　(%)

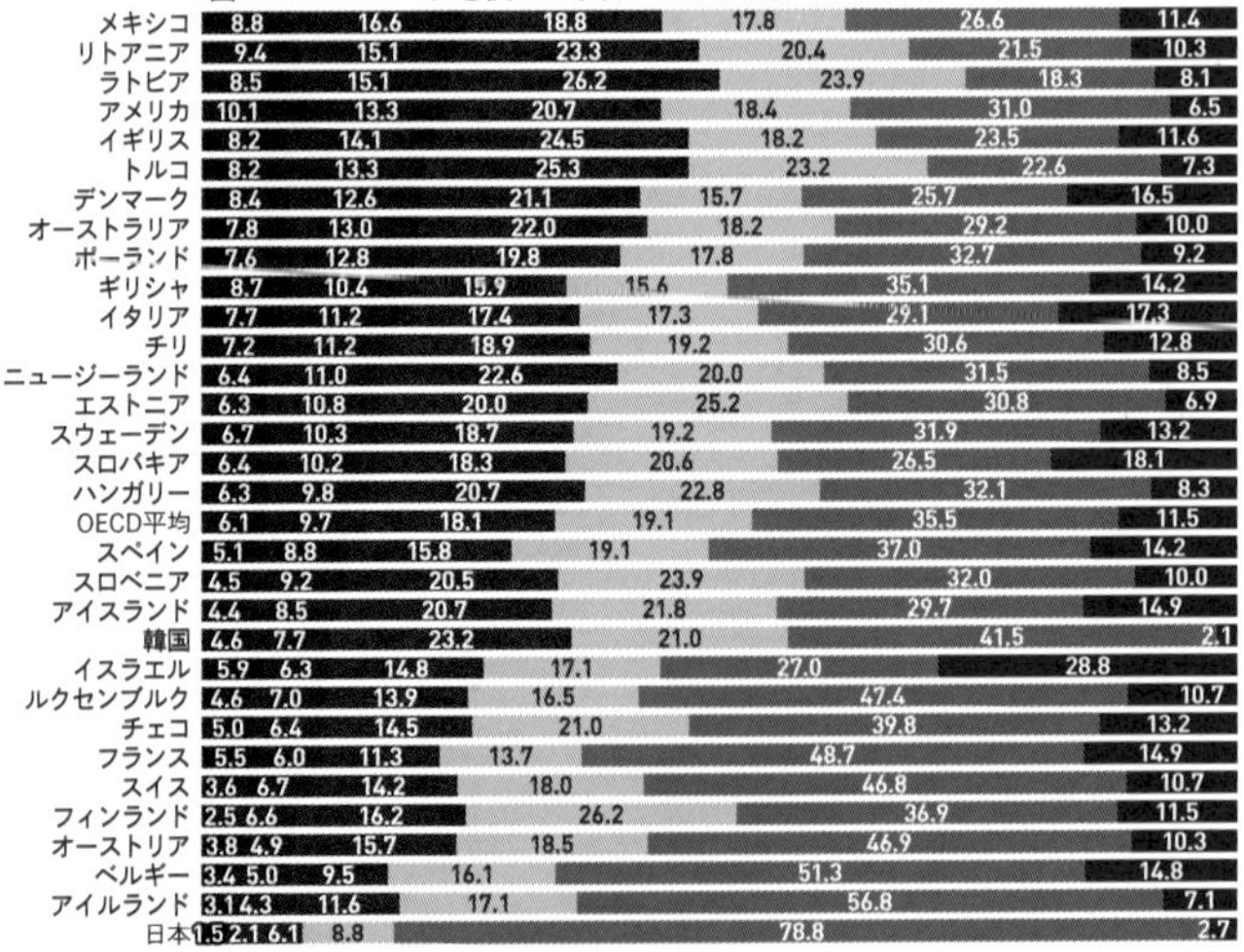

図2　一人用ゲームで遊ぶ　(%)

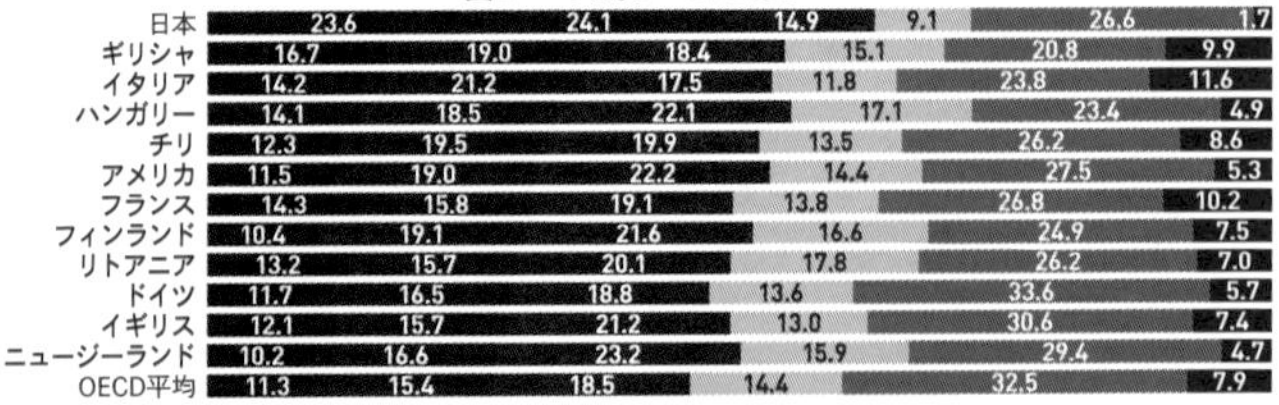

図3　ネット上でチャットをする　(%)

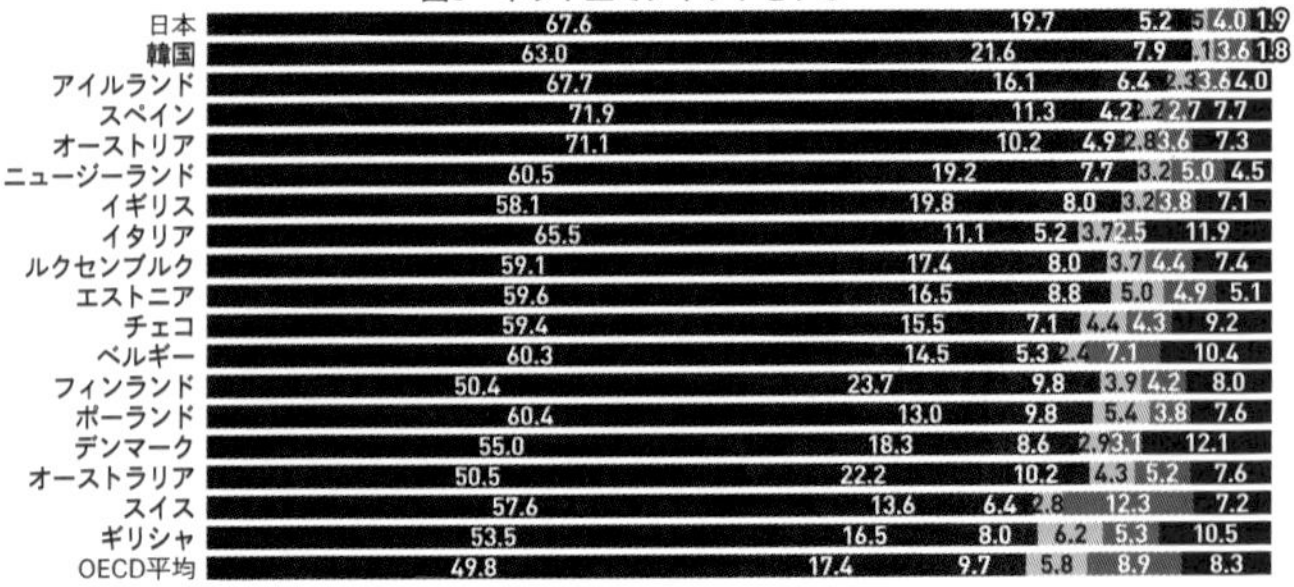

（注）「毎日」「ほぼ毎日」と回答した生徒の割合が多い順に上から国を並べている。
出所：OECD PISA2018 データベースをもとに国立教育政策研究所が作成。

●デジタル機器は学習ツールだ

残念ですが、スマホをもっと有用に使うことができることを彼らは教育されていません。学校や塾などでスマホの使い方を教わることもありません。あったとしても、ネットやSNSがいかに危険かを伝えるにとどまっています。スマホなどのデジタル機器をどう使えば楽しく学べるのか、前向きで現実的な付き合い方を教わるわけではありません。

このままでは子供たちがデジタル機器を学習ツールとして使いこなせない可能性もあります。それに、中高生になってからでは、反抗期に入って、教えるのが難しくなる……。やはり、子供が小学生のうちに、デジタル機器の使い方、情報の扱い方について各家庭で教える必要があります。

つまり、デジタル機器の正しい使い方を学ばなければ、オンライン学習での成功はないのです。詳しくは、第五章でお話しします。

POINT
デジタル機器をかしこく使いこなせることは、新時代の学力のひとつ

地球全体が学校になる

●ミネルヴァ大学の成功

オンライン学習は、いまや世界中の学校で導入されていますが、一番有名なのは、「ハーバードより入学するのが難しい」と評されるアメリカの**ミネルヴァ大学**（※注1）でしょう。生徒は世界中にいて、講義やディスカッションをオンライン上でおこないます。

一方で、企業の課題解決プロジェクトやフィールドワークの際、実際に現地に集合して、学習プログラムに参加する。

オンライン授業とリアルの学習プログラムを融合させた教育機関として注目を集めています。おもしろそうだと思った学習プログラムだけ、一番学びやすい環境を求めて世界中を移動すればいいのです。

※注1／ミネルヴァ大学は、米国カリフォルニア州サンフランシスコに本部を置く総合私立大学。二〇一四年に最初のクラスを承認。二〇二〇年九月時点では六〇〇名を超える学生が在籍している。開学二年目には九八ヶ国から一万一〇〇〇人以上の出願者があり、合格率はわずか二・〇％。現在では毎年世界中から二万人以上の受験者が集っている。

●未来の学校は校舎がいらない？

ミネルヴァ大学のやり方なら校舎が必要ありません。プロジェクトも欧米諸国に限定しなくてもいいでしょう。アフリカの水道設備を整えるプロジェクトを学習プログラムとして立ち上げることもできるかもしれない。

オンライン学習を利用しさえすれば、語学留学なんて必要なくなるでしょう。すでにオンライン・インターナショナルスクールなんてものもあるし、語学をオンラインでみっちり鍛えて、学問を習える段階になって現地へ行く。そうしたほうがコスパがいいし、学習効率も高い。

また、国内でもオンライン学習を軸とした学校ができるかもしれない。

たとえば地方の自然豊かな里山で、山も川も海もあって、近くで有機野菜栽培もやっているような場所──子供の好奇心と感受性をはぐくむにはベストな環境です。普段はオンラインで教科授業を行い、月に数回、里山の学校で合宿を行いながら、フィールドワーク、ディベート、科学実験、町おこしイベントの実施など直接参加でしかできない学びを得る。

ミネルヴァ大学の成功は、そんな未来の学校のかたちを想像させてくれます。

全人類が〝先生〟の時代

●無料のオンライン教材が増加

オンライン学習はこれまでの学び方を激変させます。

オンライン学習の先駆けは、「カーンアカデミー」という無料学習サイトです。開設して間もない二〇一二年に月間利用者は六〇〇万人に達し、「学校に行かなくても自宅で学習が完結できるんだ！」と世界中をワクワクさせました。

その影響で、日本でもここ数年、無料で利用できるオンライン教材が増えています。

そんななか、使い勝手がいいオンライン学習は、ＹｏｕＴｕｂｅの教育動画ではないでしょうか。

たとえば、ＹｏｕＴｕｂｅｒの予備ノリたくみさん。

彼の動画を見て小学四年生が数検一級をとって話題になりました。

個人の投稿した動画が、見ず知らずの子供の能力を開花させることに成功したのです。

●子供もいますぐ先生になれる

これはもう、学校や塾だけに先生がいるわけではなく、誰もがネットを通して、好きな学問・趣味を好きなだけ語るだけで、誰かの〝先生〟になることができるということです。画面越しでも、彼らが楽しくてやっているのが伝わってきます。**好きなことを好きなだけ語る、そのポジティブなエネルギーが、学んでいる子供にいい影響を与えてくれます。**

しかも、〝先生〟が大人とは限りません。中学生が小学生に向かって勉強を教える動画なども、これから出てくるでしょう。子供であっても〝先生〟として活躍できます。

もちろん、ネット上にはタメになる先生もいれば、「反面教師」もいます。偏った考え方を子供に伝えるサイトや動画に出くわす可能性がないとはいえません。

その危険性もあり、はじめは子供ひとりで検索するのは難しいかもしれません。親子で一緒に検索して、お気に入りのサイトや動画をリストアップする必要があるでしょう。

POINT
オンライン学習なら世界中が学校に、すべての人が先生になる！

一年で高校を〝卒業〟した子

●高校に行かなくても大学に行ける

オンライン学習で、ササっと目標をクリアした中学三年生男子のケースをお話しします。彼は、学校に行かないほうが自分の時間が増えるといって、不登校を選んだ、いわゆる、積極的不登校の子供です。

中三の夏に、その子から連絡がきました。高卒認定試験を受けたいので、月二回数学と理科の個人レッスンをおこなってほしいとのこと。

高卒認定試験は、大学の入学試験の受験資格が得られる試験、昔の大検のことです。全部で八科目あって、すべてパスすると高校に通わなくても、大学を受験できます（理科や社会などの選択科目の選び方で受験科目数は変わります）。

月二回のレッスンだと、いちいち単元の解説をしている暇はありません。おおかた自分で予習して、ひとりではどうしても解決できない問題のみ解説する方法をとりました。彼はレッスン後、ひとりで復習、次の単元の予習を繰り返していました。**自宅では、参考書と過去問、それからネットの無料サイト、動画、無料学習アプリと、オンライン学習フル回転で対応しました。**

試験の出題範囲のほとんどが高一レベルです。正直、難しい問題は出ないし、半分程度とれば合格といわれているから、無料サイトだけでも十分通用します。

それで、彼は高校一年生の年の夏に、一発で全科目の高卒認定試験に合格しました。

彼のように家庭教師とオンライン学習で乗り切ることもできますが、いまならN高（※注2）に行って、高卒認定試験を受けるという手もあるでしょう。

N高は通信制高校ですが、オンライン学習メインで高校を卒業できるので、全国に約一万五〇〇〇人の生徒がいるほどの人気。学費も公立高校レベルの年間一〇万円くらいです。

しかも**普通科と同じように、数学や物理などのハイレベルな授業も一から聞けるので、本人のやる気次第で、そのまま大学の一般入試も狙うことができます。**

※注2／N高等学校は、沖縄県うるま市伊計島に所在する私立高等学校。N高は略称。学校法人角川ドワンゴ学園が設置し、二〇一六年四月に開校した。47都道府県および外国も対象とする広域の通信制の課程を置く。通学コースもある。

●人生一〇〇年時代の学び方

さて、さっきの教え子の話に戻ります。

晴れて高卒認定試験を高一の年にパスしたのですが、日本では一八歳になる年度まで大学入試を受けることができない場合がほとんどです。

そこで彼は、二年間まるまる好きなことに時間を費やしました。

気になるひとのところへ訪れて取材したり、企業のインターンに参加したり、記事を書いたりして過ごしたあと、やりたい研究ができる大学のＡＯ入試を目指しました。

結局、彼は入試直前に大学にも行かないことを選びました。二年間でできた人脈を広げるのなら学校に行く必要はないと考えたようです。

彼の生き方はいまっぽいなぁと思います。

人生一〇〇年時代といわれ、生涯学習の必要性も叫ばれています。日本の人口は減り続け、労働人口も減る一方です。定年を八〇歳まで延ばした企業も現れていますし、労働人口が少なくなれば、年金もあてにはできません。

ずっと学び続け、できる限り働き続ける。それがこれから求められる生き方です。

だから、未来を支える子供たちには、生涯学び続けることができるエネルギッシュさが必要です。

こういう学校に行ったら安心、こういう会社なら安心というのはもはや過去の話。会社に入っても、また新しく学びたいことが生まれて、もう一度大学に入り直すなんてケースも増えるでしょう。自分の知識をアップデートし続ける。

先の男の子も、「やっぱり学問をやりたいとなったら、大学に行くかもしれない」といっていました。

彼のような生き方を選ぶ若い子がこれから増えるかもしれません。

好奇心を優先して学び続ける。学校は目的ではなく、人生の手段でしかない。突然「学びたい」ってなったとき、オンライン学習はとても役に立ちます。自分の学びたいことをいつでも学べるのですから。

POINT

好奇心のおもむくまま、世界中とつながり、学びたいことを学べる時代に

真のオンライン学習

●ブレンディッド・ラーニング

ところで、アメリカの学校で浸透しているオンライン学習、「ブレンディッド・ラーニング」（※注3）をご存知でしょうか？

これは「個別学習×生徒主導」をモットーに、子供が自然と学びに入りやすく、それぞれに合った学び方を提案するオンライン学習です。アメリカで生まれ、いま欧米の教育先進国で急速に普及しています。各自の学力や性格、目標などに応じて、個別のカリキュラムを組む。やる気次第で進度をかえる。クラス一律の時間割はありません。

生徒個人が動画授業を先に見てから、必要なときだけ先生に質問する「反転授業」や具体的な体験を通して学ぶ「探究学習」などを柔軟に取り入れ、個人でおこなうべき学習と集団でおこなうべき学習を上手にブレンドしています。

※注3／『ブレンディッド・ラーニングの衝撃「個別カリキュラム×生徒主導×達成度基準」を実現したアメリカの教育革命』（マイケル・B・ホーン、ヘザー・ステイカー著・小松健司訳・二〇一七年教育開発研究所刊）。

これらを実践した結果、多くの子供が落ちこぼれなくて済むようになりました。

また、必要最低限の学習時間で教科を習得することにも成功しました。


一方で、日本はといえば、ブレンディッド・ラーニングはほとんど普及していません。

では、日本の子供たちはオンライン学習の恩恵を受けられないのでしょうか?

一人ひとりに合った学び方を提案できないのでしょうか?

いいえ、そんなことはありません。ただし、学校や塾で与えられるのではありません。

自宅でこそ、このオンライン学習を実践することができると僕は確信しています。

そして、**オンライン学習を利用し、子供が主体的に学習するように演出することで、これからの受験にも勝つことができます。**

ここで鍵を握るのは「反転授業」と「探求学習」です。

このふたつの学び方はブレンディッド・ラーニングの主軸となる学び方で、近年子供が自分から学ぶ力を引き出す方法として注目を浴びています。

これらを自宅で応用すれば、やらなきゃいけない教科学習をさっさと済ませられるので、楽しみながら受験勉強することができます。

●反転授業とは

反転授業は動画授業を利用したオンライン学習のひとつです。講義の動画を各生徒が先に見ておいて、教室ではディスカッションなど、より深い学習からはじめるというものです。つまり、**動画授業で予習してから、質疑応答・ディスカッションなど、リアルでおこなったほうが効率がいいことは、実際に対面で授業をします。最大のメリットは、深い考察にまで至る時間ができることです。**ひとりでできることを先に済ませることによって、きっちり準備ができます。

それにより、より深い議論ができるというわけです。限られた授業時間のなかで、応用的な内容にまで踏み込むので、より効率的に子供の能力を伸ばすことができます。

やることが多い受験勉強でも、反転授業のやり方を実践すべきです。

なぜなら、ひとりで学べることをどんどん先に動画で見ていけば、以下のようなメリットがあるからです。

＊必要な単元の動画授業だけを受けることができる
＊授業の解りやすい先生を自由に選べる

＊得意な教科は学年を無視して進められる。苦手な教科はマイペースにできる
＊本人がやってみたい教科・単元をとことん追究できる
＊本人のモチベーション次第でやり方をアレンジできる
＊余った時間に、応用問題の演習を十分におこなえる

まさにいいことづくめ。反転授業は塾のデメリットを画期的に解消してくれます。

実際、僕の教え子の小学五年生は動画授業をベースにして半年で一年分の算数を終わらせたこともあります。

続いて、探究学習について解説しましょう。探究学習とは、ただ教材を開いて学ぶだけでなく、実践してみて失敗しながら、さらに深掘りしていく学び方です。プロジェクト型学習（※注4）とも呼ばれ、ここ数年、学校や塾でも積極的におこなわれています。

※注4／社会で求められる能力を学校で学び育む教育法。あるプロジェクトに沿って、実践から学ぶ手法をとる。苫野一徳氏によると、プロジェクト型学習は三つに分かれる。①課題解決型プロジェクト→課題・問題の解決で学ぶ　②知的発見型プロジェクト→知的な発見を目指して学ぶ　③創造型プロジェクト→何かをつくることで学ぶ

●探究学習とは

集団授業では、解説授業からはじめ、その後演習にうつりますが、探究学習は具体的な実践から知識定着を図ります。その順序自体を逆転させるという点に特徴があります。

簡単にいうと、「知識定着→演習」ではなく、「実践→知識定着」です。

たとえば、電気について勉強するとします。まずは実際に発電所や科学館でフィールドワークして、社会でどのように電気が使われているのかを学びます。また、モーターを用意して、どうすれば発電するのか理科実験をおこなってみます。

さらに、フィールドワークや実験をもとに考えたことを文章にまとめます。このように、実践の過程のなかで、教科学習に必要な知識を定着させていきます。

その結果、**実際にやってみた思い出（体験）とともに自然と知識を暗記することができるのです。**

探究学習の最大のメリットは、子供が学ぶことの楽しさを忘れず、遊びの延長で勉強できる点にあります。

言葉だけで説明されてはイメージしづらいことも、手を動かし、おしゃべりしながら、ときには走り回ったりして、リアリティのある体験から学ぶことができます。

そして、フィールドワークしたり、実験したりしているうちに、自然とさまざまな場面で試行錯誤することになります。「ここでどうやったらうまくいくのかなぁ?」と頭をひねることもあります。また、考えたことをまとめてみようとなるでしょう。

このように探究学習では**これからの時代に必要な学力といわれている「思考力・判断力・表現力」を自然とトレーニングすることができます。**

反転授業と探究学習。このふたつの学び方を利用すれば、勉強時間を短縮し、応用に時間を費やし、これからの時代に必要な学力も鍛えられる。反転授業と探究学習は、これから教育の柱となる学び方であると断言してもいいでしょう。これらの学習法を実践する学習塾や学校もありますが、僕は「家庭でこそできるのではないか」と思っています。

POINT

家庭での勉強にこそ取り入れたい「反転授業」と「探究学習」

結局どうやって受験勉強すべきなのか

じつは、この本で紹介するオンライン学習法は、「反転授業」と「探究学習」を自宅で実践できるようにアレンジしたものです。

反転授業がこれほど教育に有効なのに、いまだに学校で利用されることはありません。また、探究学習も一部の学校でしか実施されておらず、あとは教師個人の判断に任されているのが学校の現状です。しかし、これが現実です。

反転授業で効率的に受験勉強する。
探究学習で楽しみながら考え、表現し、結果的に知識を身につける。

より効率的に楽しく学べるこのふたつの学び方は、子供からやる気を奪わず、自分から学ぶことを促す必須の学び方です。

●デジタルとアナログのいいとこどりで学ぶ

僕がオススメしたいのは、デジタルとアナログをブレンドした学び方です。

ブレンディッド・ラーニングを実践するアメリカの小中学校でも、デジタルと従来の対面の学習プログラムをブレンドして、いいとこどりしたシステムをつくっています。

つまり、ひとりで学んだほうが話が早いならデジタル教材。みんなと話し合ったほうがうまくいくならリアルの対面授業に戻る。対面で話しているうちに、知りたいことができたらまたオンライン学習に戻る、といった感じで、対面授業とオンライン学習を行ったり来たりします。これを家で実践する場合は次のような手順になります。

まず、自分がやってみたい問題集や読んでみたい解説書を見つけます。これは紙の本のほうがいいですね。紙のほうが分量を目で確かめられるので、小学生向きです。

その子に合った学習計画を立てて、好きな解説書や問題集を使って学習。解らない問題があったら「無料の家庭教師」であるネットやスマホアプリで、解き方や答えを調べる。

こうすることで、子供が自分から疑問を持ち、調べ、さらに問題を解決していくことができます。**あくまでオンライン学習をツールとして使いこなすのです。**

●オンライン学習の第一歩

そして、ここで最も重要なのは自分で検索することができるかどうかということです。

検索はバカにできません。検索が得意であることがかなり重要な学力になると僕は思います。うまく検索できなければ、インターネット上に眠る多くの質の高い教育に触れられません。子供が自分から学び、いい情報を見つけてくるために、検索する力を鍛えていく必要があります。

では、どうすれば検索する力を身につけることができるのでしょうか？

この解決策は日頃のネット検索にあります。日常的におこなっているネット検索で自然と検索力を身につけることが、オンライン学習の原点なのです。

これができなければ、オンライン学習などできるわけがない。

それくらい検索は重要です。

POINT

デジタルとアナログをブレンドして学ぶためには、「検索力」が重要

第二章　どんなオンライン学習からはじめるべきか

検索は脳の解像度を上げる

●ネット検索が学びになる

「鳥が鳴いている！　あれ、何の鳥の鳴き声だろう？」

鳴き声を調べたら、それがカワセミだとわかる。


「お花咲いているねぇ。ねぇ、何の花だろう？」

画像検索をするとハハコグサだとわかる。


散歩していて何気なく疑問に思うことってあります。

そんなとき、さっとネット検索すれば、聞こえている、見えている世界が変わります。

「解像度が上がる」といいましょうか。世界が、もっと細かく見えるようになる。

検索することで、世界の解像度が上がり、専門的な知識も自然と身についていく。

ささいなところから学びがはじまる。これこそが頭がよくなることだと思いませんか？

●日常生活の「？」が自ら学ぶチャンス

このように、いままでふつうにおこなっていたネット検索が学びのきっかけになります。

前にも述べましたが、**ネット上の「無数の〝先生〟」を使いこなしましょう。**

これには、子供の年齢なんて関係ありません。

「なんでこうなるの？」「どうやってやるの？」という子供の素朴な疑問に反応すればいいだけです。たとえば、こんな感じ。


「お父さんのコーヒーってグアテマラ産？　それってどこにあるの？」

「おぉ、検索してみよう」

（地図アプリで確認）

「メキシコに近いねえ」

「ほんとだねえ。東にカリブ海があるね。海賊多いのかなぁ」

「え、海賊いたの？」

「カリブの海賊って知らない？」

「調べてみようよ！」

一度検索すると、さらに新しく知りたいことが出てくることもあります。そうやって検索を連続させると、より深い学びになります。

調べたことが別のこととつながって、物語のようになり、もっと忘れにくくなるのです。このように、本人から自然と出てくる疑問を上手に利用することで、自ら学ぶ子に育てることができます。

子供のなかで自然発生する「?」を学びにできるかどうかは、周りにいる大人の行動にかかっています。「いざ勉強!」というタイミングでないところに学びのきっかけが眠っています。子供自身もまさかそれが学びだと思っていないというあたりも、キモです。

「勉強」といわれると身構えてしまう……という子もいるかもしれません。そういう子は日常で学びを与えられると、本人も気づかぬうちに能力を伸ばせます。

検索して会話を発展させることが、勉強につながると意識して行動しましょう。

スマホは検索したいときに、すぐ使えます。そう、**「鉄を熱いうちに打てる」**のです。

POINT 子供の日常生活のささいな疑問を検索で学びにつなげよう

・・・・・・・・ 検索がうまいと国語もできるようになる ・・・・・・・・

●国語の読解問題と似ている

検索がうまいというのは、探している情報をすぐに見つけられるということです。これは「問題文のなかから適切な言葉を抜き出せ」とか「このなかから最適な選択肢を選べ」という問題を解くのと、少し似ています。

たとえば、検索して見つけたサイトの記事から、探している情報を抜き取るというのは、まるで読解問題を解いているみたいだと思いませんか。

実際、文科省も、国語力のひとつとして、「膨大な情報を素早く正確に判断・処理する能力の大切さ」を訴えています。（※注1）

つまり、検索すること自体が、国語学習なのです。

※注1／『小学校学習指導要領（平成29年告示）解説　国語編』の「第2章 第2節2〔知識及び技能〕の内容　(2)情報の扱い方に関する事項」より。

でも、検索はけっこう難易度が高いようです。実際、多くの生徒たちが苦戦します。

たとえば、僕が小学五年生の子供たちと図書館に行って本を探したとき、彼らはパソコンでの検索の仕方を知りませんでした。学校で習っているはずですけどね。

図書館で本を探すだけでも苦労しているのですから、もっと膨大な情報のあるネット検索はさらに難しいでしょう。

検索がうまい子は、いい情報が得られます。暗記する必要もあまりありません。逆に、検索機能をうまく使えない子は、得られる情報が少なくなりますし、得た情報の質も高いとはいえません。

というのも、デジタル機器を上手に使いこなせないと、本当はササっと簡単に済むことに非常に時間がかかり、本来じっくり読み込むべきことに時間をかけられないからです。

このままでは、とても損をすることになります。

子供が情報の波に飲まれてしまう前に、必要な情報を選び出す教育に僕たちは真面目に取り組まなければいけないようです。

●ＹｏｕＴｕｂｅはテレビじゃなくて「やり方辞典」

家具の組み立て説明書を見るより、ＹｏｕＴｕｂｅで実際につくっている動画を見たほうがわかりやすい。ピアノを弾くのも、料理だってそうですよね。

何かをつくったり、表現したりするとき、専門的な知識がなくても、サイトや動画を見れば、ある程度できてしまいます。やってみたいと思ったら、ＹｏｕＴｕｂｅでやり方の解説動画をたいてい見つけられます。

いまや、ＹｏｕＴｕｂｅは「動画のやり方辞典」として機能しているといえるでしょう。

教科を学ぶときも、東大生など、自分なりに学習法を生み出した学生たちによる、たとえば算数の特殊算の図の書き方を解説してくれる動画は、非常にタメになります。

とはいえ、子供たちはそんなふうに使えるとほとんど意識したことはないでしょう。

子供たちのなりたい職業＝ＹｏｕＴｕｂｅｒというのは、おもちゃの紹介やゲームの実況をするＹｏｕＴｕｂｅｒを想定しているでしょうから……。

POINT
子供が情報の波に溺れず、必要な情報を選び出せる教育に取り組もう

ネットジャングルの放浪

●用もなくフラつかないように注意

検索していると、いつの間にか、何も考えずに、ネット上のいろんなページを渡り歩くというのをついやってしまうことがあります。**これは目的もなくジャングルを放浪するのと同じです。**〝ネットジャングル〟には、魔物が棲《す》みついています。ぼんやり放浪していると、知らず知らずのうちに生命の危険にさらされるかもしれません……。

デジタル機器は、基本的に目的がはっきりしているときのみ利用します。

放浪しないコツは、何が知りたいのか、どんなことを調べたいのか。それを子供に問いかけて、はっきり答えられないようだったら、〝ジャングル〟に入らないことです。

また、ひとりで検索できない子供は、大人と一緒に検索するようにしてください。

どうやって検索したらいいかわからない場合、「検索　やり方」とか「検索　コツ」とインターネットで検索すると、やり方が見つかります。是非試してみてください。

●何を調べるのかは子供自身が決める

あと、ここで注意点です。一緒に検索するとき、学校の授業の「調べ学習」のようにならないようにしましょう。

学校では、すでに教材・資料が用意されていて、「さあ、じゃあテーマはこれ！　資料から調べて」という方法をとっています。これでは、受け身ではじまる学びです。

やらされているという状態で調べても、せっかく調べたことをすぐ忘れてしまいます。「この間、調べたでしょ？」「えっ、そんなことしたっけ？」という事態になりがちです。

ですから何を検索するのか、テーマを何にするのかを子供に考えさせる必要があります。

そのほうが調べたことを覚えてくれるでしょう。

誘導がうまくいって、子供が検索できるようになったら、それはひとりで勉強ができるようになるきっかけになるのですから。

POINT

決して、「面倒だからママがやる！」などとならないように、要注意

情報のハンターになる

●〝ジャングル〟から欲しい情報をゲット

検索するというのは、狩猟に似ています。

縄文時代の人々は、森の果実や木の実、海や川の魚介類などを獲って生活していました。森や海を駆け回り食料を獲るのにさまざまな技術が必要なように、ネットのジャングルでも〝技術〟が必要です。

いまの子供たちも、さまざまな危険が潜む〝ジャングル〟から、欲しい情報を探し出します。

つまり、大切なのは、情報を受け取るのではなく、自ら狩猟するということです。

縄文人が「お腹が減って死にそう！」と食料を探すくらいの気持ちで、検索するときも、「知らなきゃ死んじゃう！」と思って、どんどん自分で調べるようになってほしい。

そういう題材が見つかったら最高です。何もいわなくても自分から学びを発展させてくれるでしょうから。

「そうはいっても、うちの子はそんな質問とかしない」と思うかもしれません。
そんなときは、お子さんが赤ん坊のころを思い出してみてください。

周りの声を聞いて、「これはお母さんの声かなぁ」「お父さんの声かなぁ」と心のまま世界の情報をとらえてきたわけです。それを繰り返して、成長し続けた結果、いまの子供の姿があります。どこかでぷつんと切れているわけではなく、いままでの時間が連続して子供が生きているのです。

そして、その時間はこれからも続きます。子供がいつの間にか成長して大人になっていくわけです。

小学生になって、だいぶ体も大きくなってきたとしても、毎日かすかにでも子供は成長していきます。それは体だけではなく、心も同じです。

生活しているなかで、この世界のことを知りたいと心で思うはずです。

どれだけ成長したって知らないことはあるわけですから。

そういう子供のかすかな成長に敏感に反応することが求められます。

塾に行かせるなど、わざわざお金をかけなくても、子供の頭をかしこくするチャンスはいくらでも転がっています。

やはり、親も狩猟民族としての血を思い出す必要があります。

さまざまな子育ての情報があふれていますが、周りの子があの動画でできるようになったとか、あの塾が有名らしいとか、そういう理由だけで子供に教材を与えるのでは意味がありません。

一番大切なのは子供がどうしたいか、どんなことに関心があるか、そこを起点にしてその子に最適な学び方を見つけ出すことです。

親子ともに、情報に惑わされないハンターになりたいですね！

POINT

子供が自ら知りたい情報を狩りにいける環境を家庭内につくる

第三章　検索したくなる学習法

検索したくなる学習法とは

●問題演習・フィールドワーク・つくること

さて、国算理社英五教科のオンライン学習をおこなうとき、ネット上での検索と動画やアプリなどのデジタル教材だけで完結するわけではありません。

デジタルだけで数時間学習するのは結構疲れますし、どこまでやったのかがわかりにくいというデメリットがあります。また、目移りして学習と関係のないことに手を出してしまう可能性も考えられます。でも、サイトや動画のほうが解りやすく、教え方の種類も豊富。

詳しくは103ページから後述しますが、**そこで「問題演習・フィールドワーク・つくること」この三つのアナログの学習を柱にして学びます。オンライン学習を利用するのは、必要に迫られたときだけです。**

そして、困ったときにちゃんと欲しい情報を検索して得られるか、検索する力を育てることがオンライン学習の鍵を握ります。

●検索できるようになるまでフォローする

できるだけ早く探していることが見つかるように親子で一緒にやるほうがいいでしょう。はじめはうまく検索できずに苦労するかもしれません。無意味なページに飛ぶたびに注意する必要もあるかもしれません。しかし、それはそれで能力開発をしている最中なのだと理解してください。

そのうち親がいなくても検索がうまくできるようになれば、好きな教科をひとりでもどんどん解くことができます。そうなると、もう学年など関係ありません。好きだったら、どれだけやってもかまいません。

得意な教科だったら、二、三年先の教科学習が終わるかもしれません。

あとは、苦手教科だけ大人がサポートします。そうすれば、みなさんの負担が最低限で済みますね。

POINT

検索ができることは、学び続けるために非常に役に立つ能力

学習方法検索のコツ

●検索するときの四つのコツ

では、うまく検索するにはどうすればいいのでしょうか。

教師である僕も、子供の質問に対してうまく説明できないとき、解りやすい動画やサイトを検索します。

教師だからってすべてカンペキに解っているわけではないですし、自分よりうまい説明があるならどんどん利用しています。

要するに、子供がすぐに頭がよくなってくれるなら手段を選ばすに、使えるものはどんどん使う。そういう感覚でみなさんもネットを利用してください。

さて、普段子供が学習するとき、意識すべき検索のコツは四つあります。

①どこで解らなくなったのかをはっきりさせる
②なぜその答えになるのか解き方を検索する

③キーワード検索を試行錯誤する
④画像検索を活用する

小学五年生で習う算数のつるかめ算を解いているとします。つるかめ算の基本的な説明は、まぁ問題ない。でも、ちょっとした応用問題になると解らなくなってしまった。

たとえば、こんな感じの問題。

> つる、かめ、カブトムシが合わせて五〇匹。足の数はぜんぶで一八〇本。つるとかめの数の比は一：一。三種類の生き物は、それぞれ何匹いますか？

「つる」と「かめ」にもう一種類生き物が足されたタイプの問題で解らなくなる子は、結構多いのです。問題集の解答解説、解説書を確かめても、それでも解らない……。

こんなとき、どうやって検索すればいいか、四つの検索のコツについてお話しします。

これは理科・社会にも応用できます。ただし、国語については、漢字や語句問題はすぐ検索で答えを探せますが、読解問題を検索するのは難しいので、ここでは言及しません。

①どこで解らなくなったのかをはっきりさせる

ただ、「つるかめ算が解らない！」からといって、つるかめ算を検索しても解決しないでしょう。

つるかめ算の一体どんな問題が解っていないのか。

解る問題と解らない問題の線引きをする必要があります。

この場合なら、「三種類になったら解らなくなるのか？」とか。

「比を使ったら解らなくなるのかな？」とか。

どこで解らなくなってしまったのかを、まずはっきりさせます。

②なぜその答えになるのか解き方を検索する

解らなかった問題とまったく同じものを見つけるのは至難のわざです。

ここで大切なのは、解き方を検索するということです。

つるかめ算のなかでも「比を使って」解く方法が解らなければ、比を扱った動画を探すなどがそれにあたります。

日常的には知らない言葉を検索するケースが多いと思いますが、受験勉強レベルとなると、解き方や考え方を検索することが多くなるでしょう。

これは算数に限ったことではありません。

理科や社会、国語でも同じ問題を見つけるのではなく、その単元のほかの類似した問題を探して、そこではどういう解き方がされているのかを確認します。

こうして「なるほど同じように解けばいいのか！」と理解することができます。

③キーワード検索を試行錯誤する

検索エンジンでどのように検索すると、欲しい情報を見つけやすいのでしょうか。

ポイントは、質問だけでなく「解き方の手がかり」をキーワードにすることです。

これは記事を書く側の意見ですが、ふつうブログなどの記事を作成するとき、**ページタイトルに質問と答えのキーワードを含ませて書きます。そうしたほうが、検索ユーザーが「ここに答えが書かれている！」と思ってくれるからです。**

調べるほうもそれを見越して検索します。質問とそれに対する答えあるいは答えに近いワードを入れて検索します。

この場合だと、

質問：つるかめ算の応用問題で三つわからないものがあるとき、どうやって解けばいい？
答え：比を使って面積図で解く！

だとします。

「つるかめ算　中学受験」や「つるかめ算　応用」などと検索しても、欲しい情報が示されている記事や動画を見つけるのは難しいのが現実です。おそらくこれではつるかめ算の応用問題がざっくり出てくるだけで、しかも一ページ目に探している記事があるかどうかわかりません。

そこで「つるかめ算　比」とか「つるかめ算　三比」と入力して検索します。

あるいは「つるかめ算　解けない　面積　図」などと検索するのもアリです。

「解けない」というのを「解くことができない」にしてみたり、などちょっとした語句の選択によって、上位に出てくる記事が変わることがあります。

このようにキーワードを変えて、欲しい記事が上位に出てくるように試行錯誤します。

二、三個のキーワードを入れたほうがいいですが、「解く」など動詞でキーワード検索するとき、「解く」なのか、それとも「解けない」のほうがヒットするのか、いろいろ試してみる必要があるでしょう。

記事に欲しい情報が書かれているかどうかは、検索結果画面のページタイトルと、その下に表示されている本文の一部を頼りにします。**「すべて」タブだけでなく、「動画」タブも確認するといいでしょう。**

あれこれやっているうちに、たとえば検索結果の上位に「つるかめ算　平均」と予測変換で出てくるかもしれません。

すると「もしかして、この問題は平均算が応用されているのかも?」と気づくかもしれません。

ここで、想定する質問と答えを変更します。

質問：つるかめ算の応用問題はどうやって解けばいい？
答え：平均算を使って解く！

そして「つるかめ算　平均算」と検索します。**つるかめ算を学んでいたら、別の単元とつながっていたことに気づく。応用問題を解いているとよくあります。**このように検索を繰り返すことで、単元の分け隔てなく学ぶことができるでしょう。

④画像検索を活用する

記事や動画だけでは、求めている解き方を説明しているのかどうか見つけづらいケースもあります。

記事を読み進めていったり、動画をはじめから再生していったりしても、自分の探している内容にたどり着けるかどうかわからない場合、画像検索をお勧めします。

Ｇｏｏｇｌｅなどの検索エンジンの「画像（Ｉｍａｇｅｓ）」検索タブに移動して、探している解き方に近い図を見つけ出します。

これは理科や社会の学習でも応用できる方法です。

一回の検索でひとつの問題が解るようになるとは限りません。だから、解らない問題を理解するには、時間がかかるかもしれません。

しかしながら、つるかめ算を調べていたら、比のことが理解できたとか、平均算とつるかめ算が同じやり方だと解ったとか、別の単元の理解をすすめることにもつながります。このように、**あらゆる単元、知識がひもづけられていくことで応用的な問題にも対処できるようになるでしょう。**

解らないことを検索するのは忍耐力がいります。「もう疲れちゃった！」とくじけてしまうこともあるかもしれません。そんなときは、一緒に寄り添いながら検索してあげてください。親御さんが先に検索して、解き方を子供に教えてあげてもかまいません。このとき、検索のやり方も一緒に教えてあげれば、あとあと子供が自分で検索できるようになります。

POINT

①解らない点を明確に　②解き方を検索　③キーワード検索　④画像検索

好きな教科を尖《とが》らせる

●まんべんなく勉強する必要があるのか？

僕は五教科をまんべんなく勉強すべきだとは思いません。むしろ好きな教科を尖らせるほうがいい。好きな教科を先取りすれば、苦手な教科も解けるようになることがあるのです。じつはどんな教師でも一番難しいのが、子供のやる気を生み出すことです。

やる気がないから先生に習ってもうまくいかない。やる気がないのに無理に覚えるからすぐ忘れてしまう。

すでに子供にやる気があるなら、そんな好都合なことはありません。年齢を気にする必要はまったくなく、低学年でも高学年分野まで学びたいなら学べばいい。どんどん予習してほかの子よりもリードするのです。

好きな教科でアドバンテージを持つ。そうすれば、苦手な教科をゆっくり理解する時間もたっぷりとれるという好循環に入ります。

「よし、三ヶ月間、好きな教科ばっかりやろう！」と一度実験してみてください。

そうしたらどうなるでしょうか。

じつは、おもしろいことに、たいていほかの教科もできるようになるのです！

そもそも教科ごとに勉強するのは、学問として分類されているからです。しかし、小学校で習う知識にはそれほど専門的なものはありません。むしろそれぞれの教科同士のつながりが強いものです。

地図の拡大縮小は算数の割合の問題、理科の実験レポートだって作文です。

それぞれの教科は無関係ではありません。


子供って好きとか嫌いとかレッテルを張って、自分から勉強を遠ざけがちです。

算数が嫌いといっても、算数のある単元、ある問題が解きにくいだけで、算数全体ができないわけではないのです。

どうせ全教科を学ぶのだし、教科ごとに分けて考えないほうが好都合です。

楽しいと思うことからはじめて突き詰めていくうちに、「嫌いだ！」と思っていた教科と意外と関係があるのだと気づくはずです。

●必ずアウトプットする

子供ひとりで勉強させていると、本当にその学びが身になっているのか、不安に思うことがあるかもしれません。

得た知識・知恵を体にたたきこむために、アウトプット学習を必ず取り入れましょう。

たとえば、学んだことを文章にまとめます。作文用紙でもノートでもパソコンにでもかまいません。文章にするなら、形式は何でもいいのです。

また、受験生なら、小テストをする、模試を受けるというアウトプットを定期的におこなうと自宅学習のモチベーションにつながります。

文章を書くのが嫌という子もいるでしょう。その場合は、「どんなこと調べたの?」と聞いてみてください。学んだことを話すのも効果があります。

また、絵に描いたり、スクラップブックに資料をまとめるという方法もいいですね。

POINT

まず好きな教科に集中させ、アウトプット学習を取り入れる

問題集×検索

●問題集を解かないと能力が伸びない

まず、ベースとなるやり方は、「問題集を解く」という古典的な学習法です。

デジタル教材でなく問題集をベースにすると、学習の全体像が把握しやすくなります。

問題集をもとにした自学自習は、中高生になっても必要不可欠です。いくら授業を聞いたところで、自分でどんどん問題を解かない限り、能力は伸びませんから。

じつは、間違えた問題のやり直しをしない。いえ、丸つけさえしないという子もいます。

みなさんおわかりかと思いますが、問題集って、やり直さないと意味ないですよね。**間違えたところをできるようにしないといけないわけです。**

ですから、はじめは問題集を買い与えるだけでなく、問題集のやり直しの仕方も教えてあげたほうがいいでしょう。間違えたところを繰り返しやり直すとか、小テストするとか。

中学受験のみならず、中学生になってからも定期テストのときに使える方法です。

●受験勉強のベースとなる学習法

塾の集団授業だと、まずは問題を解いて、それを解説。あとは自宅で宿題……という形式でおこなわれます。

これって解説さえ聞けるなら、あとは自分でどうにかなる授業だと思いませんか？

問題解説の授業だって、解らない問題の解説さえ聞けたらそれでいいのです。

ですから、自宅で問題集をガンガン解いて、解き方がイマイチ解らない問題に出くわしたときに、Ｇｏｏｇｌｅ検索やＹｏｕＴｕｂｅ動画検索で解き方を探し出します。

また、「Ｙａｈｏｏ！知恵袋」や「教えて！ｇｏｏ」で質問という手もあります。これも早ければ当日答えてくれるので、とても便利です。

それでも、まだよく理解できないのなら、ほかの単元の説明をしている動画制作者やサイト制作者のコメント欄に投稿してみるか、直接メールで依頼してみたらどうでしょうか。制作者もほかにもその単元に需要があるとみて、要望に応えてくれる可能性があります。

どんな問題集がいいかは、子供によって違います。

巻末付録を参考にしてください。

●苦手教科の問題演習

苦手教科なのに分厚い問題集を与えると、それだけで子供が嫌になってしまいます。

そこで苦手教科は、薄くて本人がやりやすい問題集を使うのをおススメします。『中学入試 まちがえるところがすっきりわかる』シリーズのような全単元を幅広く扱う問題集でトレーニングする。あるいは、算数の『思考力算数練習帳』シリーズ（※いずれも巻末付録参照）のような単元別の薄い問題集をやるようにすると、学ぶ意欲を失いづらいです。

それに何冊も問題集を用意するのはやめて、一冊の薄い問題集をやりこむことのほうが効果的です。**「たくさん勉強しなきゃいけない」と思うと、子供が嫌になってしまいます。**

問題集は買い与えるのではなく、できれば一緒に本屋さんへ行って、自分で選ぶようにさせてください。ひとつにしぼりきれないという場合は、いくつか候補をしぼってあげると、選びやすいでしょう。

ただし、一冊だけにしぼって選ぶと、「ママのいう通りにした」と思って、やる気を失うこともあります。「ママのいいなりではなく、自分で選んだんだ！」と思わせるところに自分から学ばせるコツがあります。候補の問題集は二冊以上用意してあげてください。

●宿題お助けアプリ

中国には、『作业帮（Zuoyebang）』という**宿題お助けアプリ**があります。

これは、子供の解らない問題を写真撮影して送信すると、人工知能が解説を送ってくれるアプリです。しかもそれだけでなく、解説を読んで解らなかったら、オンライン家庭教師を「召喚」することもできます。

いざとなったら、自分の解らない問題について格安（三〇分八〇〇円くらい）で指導してもらえます。

これ、**自宅学習するひとにとって画期的なアプリだと思います。**

日本にも似たアプリがあります。

たとえば、『Photomath』や『クァンダQanda』などは算数・数学の問題を画像検索すると、その解き方を教えてくれます。（＊巻末付録参照）

理科・社会も中学生用の検索アプリを使えば対応できます（中学分野と中学受験の理科・社会は、多少違いますが、ほとんど同じ単元です）。

これらのアプリを利用すれば、アプリを探す時間も省けて、解らない問題を理解することに時間を注げます。

正直、いまは解答の説明を検索するうえで不完全な点もあるのですが、今後は教科ごとにクオリティが上がってくると思います。

ほかにも、『スナップアスク』や『スタディメーター』といったオンライン家庭教師アプリ（宿題お助けアプリ）があります。これらのアプリは解らないと思ったらすぐに質問できて便利です。

このように宿題お助けアプリは、これからのオンライン学習で必要不可欠な存在になりそうです。

学習アプリはまだまだ発展途上です。今後ももっと使い勝手のいいものが開発されるでしょうから、みなさん、引き続き最新情報をチェックしましょう！

POINT
問題集をまず解いて、解らない問題だけを「宿題お助けアプリ」に習う

フィールドワーク×検索

●問題集をやりたくないときはどうすればいいのか

自宅学習を続けていると、机の前に座っていてもまったくはかどらないこともあります。

また、問題集だけではイマイチ頭に入らないという子もいるでしょう。

さらに、デジタルの画面を見ているだけでは、しばらくすると、覚えたことがすっぽり抜け落ちてしまう気がするものです。**やはり手で触れて理解することは重要です。**

お子さんが赤ん坊のころを思い出してみてください。触覚や聴覚がとても敏感でしたよね。あれから成長してもなお、子供はいまだに肌や耳で繊細に感じていると考えられます。


フィールドワークとは一般にいわゆる具体的な体験のことですが、本書でいうフィールドワークは、植物園の散策、美術館・博物館鑑賞、ひとと会うことさえも含まれています。

それらの具体的体験によって、勉強に関係する知識も肌で覚えることができるでしょう。

フィールドワークしながらスマホで検索。これで外出中も学びを生むことができます。

●家族旅行こそ最大の学びの機会

家族で旅行できるのも、子供が小学生のころまででしょう。中高生になったら、「一緒に旅行には行かない」といい出す子も増えてくる。子供が成長するとはそういうものです。**だから、家族旅行は子供が小学生のうちにたくさん行ったほうがいいですね。**

家族旅行に行けば、以下のように学びの機会を生むこともできます。

子供は、検索してネット上のレビューを読み解きながら、美味しそうなランチの店を探す。それから親きょうだいのさまざまな意見を総合して、行くべきお店の最適解を出す。地図を見ながら行きたいお店まで家族を案内する。お店が思っていたよりもすごく美味しかった。自分の目が狂ってなかったことがわかり、子供は自慢げ。家族も大喜び。

それじゃあ、お店に感謝の気持ちを込めてレビューを書こう。

とかいいながら旅行すれば、**子供は旅行している最中でも、学びを得ることができます。**

POINT

フィールドワークで〝誘導〟できたら子供を自然と伸ばす家族になれる

●嫌いな野菜をどうやって食べてもらうか

さて、ここで突然質問です。野菜嫌いの子にどうやって野菜を食べてもらいますか？たとえば、その子が美味しいと思う野菜を準備するか、食べられる料理にアレンジしますよね。ぐつぐつ煮込んでスープにしたり、色が嫌ならほかの色の食材と混ぜてみたり。同じことが学習にも当てはまります。嫌いな勉強もかたちを変えて提案するのです。

たとえば、やりたいことが野球という子はメジャーリーガーの英語を聞かせたら英語学習になります。スポーツ科学の専門家の話を聞いたり、野球選手のオンラインサロンに参加したりすれば、スポーツがいかに科学的に考えられているかが解ります。

そして、そこで学んだことをノートにまとめれば、作文の練習になります。

無理に五教科を学習させるのではなく、本人が本当に好きなことと学問を結びつければ、自然と教科学習につながるのでオススメです！

●つくることが学びになる

みなさん、家の棚やガレージのアレンジなどで、ネット検索しながらDIYしたことはありませんか？

僕も現在、教育活動のために借りている古民家のリフォームや畑の耕作、薪《まき》ストーブの設置などを、ネット検索しながら完成させました（素人仕事ですけど）。

こういうとき、検索ってすごく便利ですよね。

しかも便利なだけではなく、ものすごく学びのあることだと思います。

いまはネット検索すれば、多くのものを自分でつくることができます。

たとえば、3Dプリンタで立体パズルをつくるなんてことも可能です。学習道具も、もはや自分でつくることができるのです。

そして、**何より最近、このつくることが学びであると注目されています。**（※注1）

※注1／慶應義塾大学総合政策学部（SFC）の井庭崇教授の編著書『クリエイティブ・ラーニング』（慶應義塾大学出版会）で提唱されたこれからの学習形態。マサチューセッツ工科大学の教育法をもとに、「ひとつの集団で何かをつくることを通して学習する」方法論を提案している。

しかも学年関係なく、やりたいと思えば挑戦できます。ただ好きなものを真剣につくることで、思い切り能力が伸びるのです。

たとえば、僕の教え子のある女の子はアクセサリーをつくるのが上手でした。それでお母さんとフリマに出品したのです。

そうしたらすごく儲《もう》かりました。それを機にネットでも自分の作品を売りたくなり、いまではホームページ（HP）のつくり方を学んで、簿記三級もとるといい出しています。

HPをつくることは国語学習になりますし、簿記は算数・数学です。しかも出てくる漢字も難しい。彼女は教科学習をとても嫌がる子ですが、自分の好きなことのためなら、必死で学びます。そういうものなのです。

教科勉強に嫌気がさしたら、子供が好きなものを好きなだけつくらせることをオススメします。それがモチベーションになって学習意欲が増しますから。さらに、完成した作品をネットに投稿して誰かに見せれば、さらなるやる気アップにつながるかもしれません。

POINT
好きなものをつくったり、表現することが結果的に教科学習につながる

まとめ

＊リアルな学習と検索を中心としたオンライン学習をブレンドする

（1）問題集×検索……解らない問題を理解するために検索する

（2）フィールドワーク×検索……外出先で出合うすべてのことに学びのきっかけがある

（3）つくる×検索……つくりながら学ぶやり方は、どんな子供でも、自分からすすんで学んでくれる

これでオンライン学習の活用法は理解していただいたと思います。それでは五教科をそれぞれどうやって学んでいけばいいのでしょうか？　苦手教科でももっと楽しみながら勉強することができるオンライン学習ってないのでしょうか？

次章では、勉強嫌いの子でも自分から学びたくなるようなオンライン学習法についてお話しします。

第四章　塾に通わずに五教科を受験勉強する方法

本章では、「これなら勉強の苦手な子でもわくわくして学べるだろう」と、僕自身が検索しながら編み出したオンライン学習のやり方を紹介していきます。

この方法は年齢に関係なく実践することができます。中学受験でも使えますし、高校受験の準備としても最適です。

これらをもとに、子供たちのやりやすいようにアレンジすることも可能です。

どうぞ参考にしてください！

＊算数＊

●●●●●●●●●● 無料サイトの計算ドリルはやらない ●●●●●●●●●●

算数の無料サイトには、計算問題がたくさん記載されています。親としては、子供のよくできない単元を解かせようと考えるかもしれません。

とはいっても、計算ができるようになるために、たくさん問題を解かせるのはあまり意味がありません。

がむしゃらに計算問題を解けば、ある程度の計算能力はつきますが、**どう工夫したら、ムダに計算しないで答えが出せるのかを思いつく能力は磨かれません。**このことのほうが計算能力の足りないことよりもずっと深刻な問題です。なぜなら、入試では「時間」が限られているので、効率的に計算できる能力が不可欠だからです。

ということで、まずは**計算問題を解くのではなく、上手に計算するやり方を説いた動画を見ましょう。**

よく解らない単元を解説してくれている動画を探してください。きっといいものが見つかるはずです。

計算ドリルはすでに学校から配布されている場合が多いでしょう。さらに別のドリルを与え、必要以上に計算問題をやらせてコンプレックスが増したら逆効果になります。

特殊算は解りやすい図解動画を探す

算数を家で教えるとき一番苦戦するのは、つるかめ算やニュートン算といった「特殊算」だと思います。

「数学みたいに方程式で教えるわけにもいかないし、どうやって教えたらいいのかしら？」

そんなふうに思っているひとも多いのではないでしょうか。

これら特殊算を解くうえで最も大切なことは、文章題を図示できるかということです。

文章を読んで、条件をもれなく線分図や面積図、てんびん図など、どの図で示して解けばいいか、あるいは使わないほうが速く解けるのかを判断しなければなりません。

まず「新しい単元の特殊算を勉強するぞ！」というとき、解説動画を先に見ておくといいでしょう。

もちろん基本的に、特殊算は問題集をもとに学習していくことになります。（※巻末付録参照）

一方で、文字を読むより、動画のほうが子供は理解しやすいことがあります。

はじめての単元ならなおさら、先に全体像を動画で理解しておくと、そのあと問題集の問題を解きやすくなります。

また、塾では特殊算を習うのは小五〜小六夏の一年半の間ですが、それらをカリキュラムどおり進める必要はありません。**小四のころから先に予習してもかまいませんし、カリキュラムを無視して、やりたい単元から進めていけばいいのです。**

やってみて解らなくなることもあるかもしれません。

「つるかめ算をやってみたい！　あれ、でも比を知らなくてできなくなった」なんてこともあるでしょう。

そうしたら比を勉強すればいいのです。**順番通りに進めていくことよりも、子供が「やりたい！」と思っている順番に進めていくほうがうまくいきます。**

もちろん、どの単元を学習していないか、問題集の目次に印をつけるなどして管理したほうがいいですね。

数学の全体像がつかめる動画を見る

「なんで算数を勉強しなきゃいけないの？」と、不満を口にする小学生は多いです。算数・数学はどうやって発展していったのか、どんなふうに生活に応用されてきたのか、大学で学ぶ数学ってどんなものなのか……。

そんな算数・数学の奥深い世界を解説する動画がたくさん投稿されていますので、そういう動画を見て、好奇心がわいて、うまくいけば「数学やりたい！」となるかもしれません。

そうなったらこっちのもの。**算数を飛ばして、数学をやりはじめてもいいでしょう。**

数学を学ぶことは、算数の理解にもつながります。高校数学の規則性や数列は、中学受験でも頻出しますし、一次方程式を理解すれば、□を使った式や消去算なども解るようになるでしょう。

もちろん結局「はぁ難しいなぁ、まずはやっぱり算数だ……」と、もとに戻ったとしてもいいじゃないですか。それはそれで自分のやっていることが何なのか解るきっかけになるでしょう。**失敗することも学びのひとつです。**

算数は学習アプリが充実している

問題集を嫌がる子供は、アプリで学ぶという手もあります。

アプリ開発者自体が数学の得意な場合が多い（理系のひとが多い）からでしょうか、算数の学習アプリは質が高いものが多いです。

たとえば、人工知能を搭載した算数アプリは、子供たちが間違えた問題から、その子の苦手な単元を分析して、必要な問題を自動でつくってくれます。そのため、無意味にたくさんの問題をやる必要がありません。

むやみやたらに問題を解いて、うんざりするくらいなら、最初からアプリで必要最低限の学習で済ませる……そのほうが賢い方法だと思いませんか？

HPをつくって無料でプログラミング学習

小学校でプログラミング学習が必修化されました。また、「読み・書き・プログラミング」といわれるほど、プログラミングは、次世代の基礎学習として注目されています。

「プログラミング教室に通わせたほうがいいのかなぁ」と思っている方もいらっしゃるでしょうが、**じつはプログラミングはネットの無料サイトでかなりのことが学べるのです。**

プログラミングを知り尽くした方々が、ネットには山ほどいて、惜しむことなくさまざまなプログラミング学習の情報を、無料でネット上に公開してくれています。

パソコンのつくり方、アプリのつくり方、ロボットのつくり方などの情報が、ネット上に転がっています。それで勉強して、自分のHPをつくり、覚えたことをまとめれば作文のトレーニングにもなります。

教室に通う前に、まずは無料で公開されているプログラミング学習にチャレンジしてはいかがでしょうか。

＊国語＊

……文章にすることで、すべてが国語学習になる……

動画を見てはじめて知ったこと、フィールドワークして発見したこと、解説を読んで納得したこと、それらを文章にすることで、結果的に国語学習になります。

ですから、国語でなく、ほかの教科を勉強したときも、文章にまとめるべきです。**国語は、すべての学習を回収するといってもいいかもしれません。**

水溶液の中和についてまとめる。墾田永年私財法でどう世の中が変わったのかをまとめる。文章にすることで、内容の理解につながるし、作文トレーニングにもなります。

そして、書けるようになると、書き手の気持ちがわかるようになるので、問題も解きやすくなるし、読解力も自然と身につきます。

そうすれば自然と国語学習をおこなうことができるのです。しかもその効果は絶大です。

・・・・小説サイトに投稿して一発当てることを目指す中学生・・・・

ある日、私立中に通う中一男子たちと話していました。彼らは、受験を終えたばかりで暇そうにしていました。

「先生、何かおもしろいことないですか?」

「おもしろいこと? じゃあ、一緒にラノベでも書いたら? ついでに『小説家になろう』という小説投稿サイトに投稿して、出版社に目をつけられたら、出版できるんじゃない?」

と、いい加減なことをいったのです……。

そうしたら彼らは「よし、やろう!」と本気になって、構想からイラスト、すべて自分たちで考えて、共同で小説を書きはじめました(現在一二話まで執筆)。

最近は大学入試で物語を書くことが求められることもあるので、あながち受験と無関係ともいえません。「公募ガイド」などを見て、賞金・賞与ありのコンペに応募するのもオススメです。一攫《いっかく》千金を狙ううちに、文章力が自然と身につきます。

・・・・・・・・・無料の読み仮名付きデジタル書籍を利用・・・・・・・・・

子供が本を読めない、読みたくないっていうのは、まだ習っていない漢字が読めなくて面倒に思っているケースが多いようです。デジタル書籍ならルビ付き設定にできたり、読み上げ機能、辞書機能もあるので、読むことのハードルがかなり低くなるはずです。

小学六年生の教え子で、コロナ休校期間中に投資に関心を持ち、無料で手に入る投資関係の電子書籍を読んでいる子がいます。投資の本は外来語や抽象語が多いので、読むのに苦労しているようですが、それでも興味があるので、検索しながら読んでいますよ。また、内容がよく解らないときは、ＹｏｕＴｕｂｅで同じ内容を扱っている動画を探し出して、概要をつかむようにしているようです。

それで投資の方法が少しずつ解ったので、いまでは評判のいい入門書を買って、紙の本も読み漁《あさ》っています。

こんなふうに年齢とは関係なく、好奇心のおもむくままに読書できたら理想的ですよね。

漢字嫌いにならない方法

じつは、紙の書籍であっても、知らない漢字をネットですぐに調べることができます。**『漢字画像検索』**という漢字読み取りアプリがあります。解らない漢字を写真で撮ると、読み仮名を教えてくれるアプリです。

これがあれば、「習ってないから解らない！」とは、もういえません。

本を読んでいて解らない字に出くわしたら、すぐそこで覚えてしまう。

自分のペースで検索して覚えるのが習慣になれば、漢字テストも怖くなります。習うよりも前に覚えてしまっているわけですから。

学校の進度に合わせる必要はありません。どんどん本を読んで、漢字を覚えるべきです。

「でも、うちの子は本となるとすぐ嫌がるから……」

そんなときは、「フィールドワーク×検索」です。

たとえば、車に乗っているとき、「あの看板、なんて読むんだろう?」と思ったら、スマホで撮って画像検索！　きっと漢字嫌いの子でもワクワクしながら学べるでしょう。

＊英語＊

・・・・・・・・動画学習で、小学生でも英検三級が狙える！・・・・・・・・

小学生でも英検を取得する子が増えてきました。

だけど、中高生がやるように英文法を覚えさせちゃいけません。きっと英語が嫌いになってしまいます。

文法は、ほどほどにして、むしろ「英語の音を体に入れる」ように音読・リスニング中心で学びましょう。そのほうが楽しく英検をクリアできます。

そこで使えるのが、ＹｏｕＴｕｂｅと英語アプリ。

ＹｏｕＴｕｂｅで英単語や文章をシャドーウィング（※注1）すれば、いつの間にか読め

※注1／英語の音声を聞きながら、二、三語遅れて復唱する音読法。相手の声をそっくりそのままモノマネするので上達しやすいといわれている。

るようになっています。英検三級程度までならＹｏｕＴｕｂｅでほとんどカバーできます。

また、日本語解説よりも、ネイティブの英語解説のほうがバリエーション豊富です。英語が話せる日本人よりも断然チャンネル数が多いですから、ネイティブの英語学習ＹｏｕＴｕｂｅも見ることをオススメします。

子供にはちょっと難易度が高いかなと思う動画もあるかもしれません。とはいえ、表情や身振りでなんとなくいっていることが解ってきます。

文法や英単語をもっと丁寧に習いたいというならアプリがいいでしょう。英検専用のアプリもありますし、そうでなくても質の高いアプリが豊富です。（＊巻末付録参照）
アプリ学習は途中で飽きることも多いので、英検取得などの目標設定をすることで、くじけずに継続できると思います。英検三級どころか、もっと先へのステップアップも可能。
英語アプリは中学生以降になっても重宝するでしょう。ＢＢＣの学習アプリやＣａｋｅ、Ｄｕｏｌｉｎｇｏなど、無料で、質の高いアプリがかなり豊富に揃っています。
「英語が好き！」というモチベーションさえあるなら、いくらでも無料で英語を学べる環境が揃っているのです。

●●●●●●●●●● パズル×英語学習 math puzzle ●●●●●●●●●●●

パズルは、子供に勉強する気がないときにすごく助かるアイテムです。加えて、算数ができるようになる恰好《かっこう》のアイテムでもあります。

中学受験前の生徒に「さぁ、算数の問題をやろうか」といって、「そんな気分じゃないです」と断られても、「それじゃあパズルでもやろうか」と誘えば、「やりましょうか」となって、迷わず取り組んでくれます。

パズルはいいクッション材なのです。難しい問題に取り組む前に、一度頭を活性化させることができます。

子供が好きそうなパズルをいくつか用意していると、〝本気スイッチ〟を入れるアイテムとして使えるので、いろいろ揃えておくといいですね。

立体パズルは数多く売られていますし、『パズル道場』のようなシリーズ・テキストもあります。また、ネットで「パズル問題」と検索すると、無料で遊べるパズルサイトがいくつか出てきます。そのほかパズルアプリも豊富。

僕のオススメは「math puzzle」です。

英語で「math puzzle」と検索してみてください。日本語サイトよりも大量のパズルサイトがヒットします。そりゃそうですよね。英語圏の人口のほうが多いし、パズルや算数って、世界共通言語ですから。

しかも、英語サイトでパズルをやれば、英語学習にもなります。英語が読めなくても翻訳アプリにかければ、大体いっていることが解ります。

英語好きの算数嫌いにも、算数好きの英語嫌いにもオススメのやり方です。

そのほかの教科についても英語検索してみてはいかがでしょうか。

『ハリー・ポッター』シリーズの無料朗読

『ハリー・ポッター』好きの子供に朗報です。

大好きな『ハリー・ポッター』を読むだけで、英語が学べるのです。

こういうやり方です。**原書の小説片手に、音声サイトの朗読を聞くのです。**すでに邦訳小説を読破しているなら、きっと英語の朗読を聞いてもなんとなく内容が解るでしょうね。

また、英語字幕付きで『ハリー・ポッター』の映画を観るという学び方もあります（Huleなどで英語字幕設定があります）。

繰り返し観ているうちに、字幕なしでも解るようになるかもしれません。

少し前なら、外国語を学ぶのに海外ドラマを観つづけるのが定番でしたが、似ていますね。

大好きなエンターテインメントがあるなら、それを使って言語学習する。ドラマでも映画でもアニメでもきっかけはなんでもいいのです。

好きなものなら何回でも観られるし、それがこのうえない学習になります。

ビデオ通話で「タンデムパートナー」を見つける

英語を学んでいると、自分が学んでいることが外国人に通じるのか、不安になります。誰かと話したい。そんな悩みを解決するのが『タンデム』という言語交換アプリです。

『タンデム』は、日本語を学びたいひとを見つけ、お互い学びたい言語を教え合うという言語学習のマッチングアプリです。

このアプリ、無料で使えますが、正直いって、アプリ内で日本語を学びたいというひとを探すのは大変です。

しかし、別にアプリを使って探す必要はありません。

つまり、自分たちでぴったりのパートナーを探すことだって可能なのです。

実際、僕の生徒がやっているケースをご紹介します。

中一になる男の子が、お父さんの仕事の関係でドイツに引っ越すことになりました。ところが、彼はドイツ語も英語も話せません。

そこでお母さんの友人のツテをたどって、ドイツに住む中二の男の子と出会うことに成功しました。

この男の子は、お父さんがドイツ人でお母さんが日本人なのですが、ドイツにずっと住んでいて、ほとんど日本語が話せません。ただ、日本のアーティストに興味があるようだったので、幸いにもお互いの需要と供給がマッチしました。

それでふたりは、日独英三ヶ国語を交えながら、定期的にビデオ通話で会話することにしました。

生徒の目標は、一年後の渡独までに、ドイツ語がペラペラになることらしいです。ゲームや漫画、音楽の話をぺちゃくちゃ話しているだけだそうですが、確実に言語学習になっています。しかも強制されることなく、自分から学びたい気持ちになっているのです。

このように、日本語に興味のある現地の子と出会うことができたら、お互いにとってメリットのある学習体験を積むことができますね。

お友達や仕事仲間のつながりなどから、人づてに探してみるか、「青少年ペンフレンドクラブ」などを利用して、文通友達をつくるところからはじめてみてはどうでしょうか。

＊理科＊

実験動画学習

理科・社会は検索学習がやりやすい科目です。問題集、フィールドワーク（実験）、つくる（レポート作成）をすべて学習に組み込むことができるからです。

まず**「問題集×検索」**です。実験や観測をもとにした問題をたくさん解きます。

このときは四谷大塚の『予習シリーズ』のような解説付き問題集が使いやすいでしょう。少ない勉強量で入試につなげたいので、一問一答のクイズ形式の問題のみ書かれた問題集を選ばないように気をつけてください。

問題を解きつつ、よく解らないときはその単元の実験動画を探します。実際に動画を見たほうがスムーズに理解できることが多いものです。

さらに、子供にやる気があるなら、自分で実験します。検索しながら実際に体験する**「フィールドワーク×検索」**ですね。

最終的にそれらを文章にまとめることもできるでしょう。あるいは自分で実験動画をつくってもいいかもしれません（これは**「つくる×検索」**ですね）。

「学校の自由研究としても提出できるよ！」というと、子供がやる気になってくれます（「宿題もできて一石二鳥じゃん！」って思うみたいです）。

問題集や動画に刺激されて、「おもしろそう！」「やってみたい！」と子供が実験したがったら、面倒くさがらずに手伝ってあげてください。

そういうことを親切に手伝ってくれたことが自分の学びにつながった、と子供はあとになって感謝してくれるはずです。

散歩しながら画像検索！

小学校高学年になり、「さぁ理科を本格的にやろう！」と思って、テキストをぱらぱらっとめくる。すると……草花の名前が、これでもかっていうくらい書かれている。

「え、これ全部覚えるの？ どれがテストに出るかわからないし……」

こうして闇雲に暗記すれば、植物が嫌いになるかもしれません。

「嫌い！」という感情を生む学び方をしていると、あとで本当に面倒なことになります。

だったら、散歩や登山しながら、偶然出合った植物の検索から植物学習をはじめたほうが健康的です。そんなとき、役に立つのが画像検索アプリ。写真を撮るだけで植物の名前を検索することができます。

植物専門の画像検索アプリは『PictureThis』や『GreenSnap』『プラントネット』などいくつかあります。子供が気に入ったアプリを使ってください。

散歩しながら、植物をハンティングしているうちに、いつの間にか植物の名前を覚えているでしょう。体を使って楽しく覚えられるので忘れにくいですよ。

＊社会＊

歴史動画はマンガを超える教材！

本を読む習慣がない子に歴史を学んでほしいとき、いままでだったら『学習まんが 日本の歴史』（講談社、集英社等）をススメてきました。

しかし、最近は歴史動画からはじめる子も多いです。

ＹｏｕＴｕｂｅを中心に歴史動画がたくさん配信されています。エンターテインメント性の高い楽しい動画が多くて、本を嫌いな子も無理なく学ぶことができるでしょう。

動画なら高校生向けの日本史解説だろうが関係ありません。いろんな知識を自然と頭に入れることができます。

ただし、見終わったら「どんな話だった？」と質問してあげてください。

動画を見るだけでなく、話したり、それを文章に起こしたりすると、知識を定着させることができます。

ここで大切にしたいのは、歴史の全体像をつかむために動画を利用するということです。細かな部分については歴史の流れが解ってから。最初から細かいところを突っ込むと嫌になることが多いようです。

また、動画によっては、誤った解釈がある場合もあります。おかしいなと思ったら、一緒に調べ直しましょう。その結果、誤りが判明すると、より一層歴史への理解が深まります。

さらに、**いくつか見終わったら、時代ごとに、あるいは好きな歴史上の人物について自分でも動画をつくりはじめるとおもしろいですね。**

動画づくりが難しい？　いえいえ、そんなことはないですよ。

『ｉＭｏｖｉｅ』のようなスマホアプリですぐできますし、とりあえずつくりはじめれば、大体やり方がわかるものです。もちろん、文章にまとめる形でもかまいません。

いずれにせよ、動画学習中心の場合、学んだことをさらに違う形でアウトプットすることを徹底してください。

暗渠《あんきょ》散歩で地図の読み取りも得意になる

暗渠というのは、下水道開発などによって埋め立てられた川のことをいいます。近所にある蛇行している道を調べると、そこは昔、川だったということがよくあります。僕もよく暗渠フィールドワークを生徒たちとやっていますが、**古地図片手に、目の前にない川を想像しながら歩くのって、とてもミステリアスでワクワクします。**頭のなかで昔のことに思いを馳《は》せて、まるでタイムスリップしたみたいな気持ちになります。

このフィールドワークは、地図の読み取り学習になりますし、地形のこともよく解るようになる。さらにその場所が昔どうだったかについて検索すると、歴史も学べます。

親子でゼロからやるのは難しいかもしれません。ただ、ネット上には暗渠について「暗渠マニア」がまとめたサイトがたくさんあります。しかも写真つきで。サイトには暗渠の道なりやその街の歴史について、とても詳しくまとめられています。これを社会学習に生かさない手はないです。自分の街の暗渠を検索してみてください。

＊全科目共通＊

五教科学習サイクル

いままで紹介した方法を織り交ぜると、五教科すべてを学ぶことができます。

①問題集×検索
算数、理科、社会、math puzzle

②フィールドワーク×検索
実験、暗渠フィールドワーク、街ブラ、自然体験

③つくる×検索（学んだことをまとめる）
英訳、小説執筆、作文、動画制作、ブログ作成

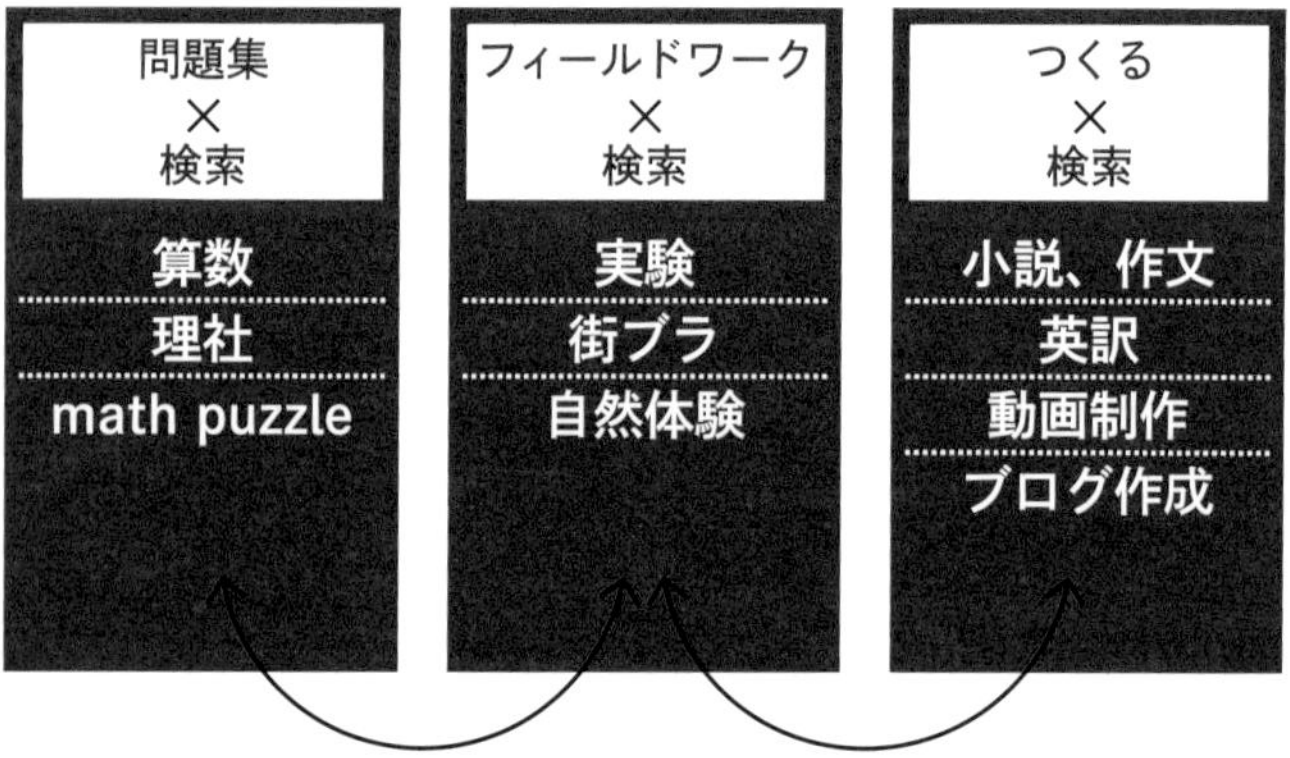

①から③までを循環するように学習計画を立てます。

検索は、動画検索もあればサイト検索もあります。そして、日本語でもいいし、英語検索でもいいです。

検索をして、アウトプットすることで英語と国語の学習が基本的には可能です。

文章にまとめるのは、手書きでも、キーボードでもいいし、スマホでフリック入力でもかまいません。

最終的にそれをブログでまとめてもいいでしょうね。他人に見られたほうがやる気になりますから。見た人からほめられたり、肯定的なコメントをもらえばなおさらです。

この学習サイクルは、大学受験まで使えるので、すべての学習者が実践する価値があります！

子供先生になる

学生時代、友人に勉強を教えて、逆に自分がよく解るようになったという経験はありませんか? **教えることは、教えている本人にとっても学びが多いのです。**

僕自身、生徒に教えている最中に、ハッとしてさらに解るようになった経験も多いです。「はっ、なるほど! そうだよな! いう通りだよ!」みたいな気持ちになります。

だから子供自身が先生になると、学びがもっと深くなると思いませんか?

たとえば、小学六年生が自分の学んだことをネット上に投稿して、それを小学五年生が参考にして学ぶこともあるでしょう。投稿した本人もアウトプットすることで、学んだ知識がより定着します。

また、ビデオ通話を利用して、高学年が低学年に勉強を教えることもできるでしょう。

もしノリ気になりそうな友人がいるのなら、試してみる価値があります。

教わるほうにとっても、教えるほうにとっても意味のある方法ではないでしょうか?

第五章　受験に勝つ子のスマホの中身

勉強がはかどるスマホの設定

●スマホを子供に渡していいのか

学習のためでも、スマホなどを子供に渡していいのか、お悩みの方もいると思います。

僕は、スマホやタブレットを渡してもかまわないと思っています。

ただし、条件があります。子供部屋を学習する環境に整えるように、**スマホなどのデジタル機器も学習用にちゃんと設定することが必要です。**

子供が普段使っているスマホに、ドラマや映画が自由に観られる動画アプリやゲームアプリが学習アプリと同じ画面に入っていたら、机の上に遊び道具が散乱しているのと同じ。

また、親のスマホを使わせていると、いろいろ問題も起こります。

仕事で使いたいのに、子供がスマホを返してくれない。勝手に別のアプリを開いて困る。

こういったトラブルを解消するためにも、スマホ一台を完全に学習専用に設定し、不要な情報をカットして、子供がストレスなく学習に集中することができるようにしましょう。

●スマホ一台でオンライン学習できるのか？

結論からいうと、**スマホ一台でも十分オンライン学習が可能です。**

ただ、設定などでパソコンが必要になる場合もありますが、親のパソコンで十分です。

子供が普段使うためのものなら、スマホでもタブレットでもかまいません。

フィールドワーク中によく使うならスマホのほうが便利ですし、大きい画面のほうが勉強しやすいというなら、タブレットやパソコンを学習用に設定すればいいし、もっと大きい画面で見たいのなら、テレビにミラーリング接続（※注1）すればいいのです。

中高生になるとスマホメインになるので、早めに学習のためのスマホという認識を高めてほしいのです。一番身近にあるスマホが遊ぶツールとして有用だと気づくと、学習にまったく関係ない遊びばかりに貴重な時間をつぶすということになりかねません。

※注1／スマホとテレビモニターの画面を接続して、同じ映像を映し出すこと。有線で接続することもあれば、Wi-FiやBluetoothでワイヤレス接続することもできる。

●教育効果が上がる五つのポイント

子供が学習に集中して取り組めるように、スマホのなかを〝掃除〟するのにまずやるべきことは、不必要なアプリの削除と、無駄な情報をブロックしてくれるアプリの追加です。

子供向けの基本的な設定は、検索すればすぐわかるのでここでは省略します。

「これって教育効果があるんじゃないか?」という設定のポイントは五つです。

＊娯楽・SNSアプリを入れない

＊最低限のSIMカード

＊通知オフ機能を利用する

＊ブラウザにフィルター機能をつける

＊お気に入りサイトのブックマーク

すでにインストールされているアプリも含めて、テレビやゲーム関連の娯楽アプリをできるだけ削除します。これは子供にデジタル機器を渡す前に設定しておきましょう。

●娯楽・SNSアプリをいれない

ゲームアプリ、動画配信サービスのアプリ、TwitterやInstagramといったSNSアプリはインストールしません。

ゲームのなかでも学習に使えるものがあります。ゲーム性が高い学習アプリが、どの教科に役に立つのか、親子で話し合い、お互い納得したらインストールしてもいいでしょう。

僕は生徒が「ゲームをしたい」といったら、そのゲームが生徒の能力の何を伸ばしているのか、実際にやってみて確かめています。「これはやってもこの子の能力を何も伸ばさないな」と思ったら、「やっても意味がない」とアドバイスします。

また、LINEなどのチャットアプリは友達と連絡を取り合うから必要だという意見もありますが、僕は基本的に反対の立場です。LINEが必要なら、もう一台用意するか、親のスマホで登録するべきです。

「そこまでするか？」と思う方もいらっしゃるかもしれませんが、あったら、ついつい押しちゃうものなので、勉強部屋にテレビゲーム機を置かないほうがいいのと同じ理屈です。

●最低限のＳＩＭカード

学習用としてしか使わないなら「空ＳＩＭ」（契約していない空っぽのＳＩＭカード）を挿入して、家のＷｉ－Ｆｉ接続で十分対応できます。

でも、スマホを子供との連絡手段としても使いたいという方もいらっしゃると思います。その場合、オススメなのが**「通話＋最低容量のデータＳＩＭカード」**での設定です。

これだと子供が外出先の連絡手段としても使えます。また、最低限の検索が可能なので、いざ何か検索したいというときも便利です。その一方で、容量が少ないので長時間の動画を見ることができません。

自宅では、スマホのモバイル通信をオフにして、自宅のＷｉ－Ｆｉなどにつなぎ、動画を見るようにします。

そこまで設定したとしても、外のフリーＷｉ－Ｆｉでつなげて遊ぶことはできますが、そこは**家族でルールを決めて、ルールを破ったらどうするかまで話し合えばいいのではないかと思います。「契約書」を書かせるのもおもしろいです。**

心配なら、連絡手段をキッズ携帯にして、学習スマホとは別にすればいいでしょう。

●通知オフ機能を利用する

中高生とレッスンしていると、いきなりスマホが連続で鳴って妨害されることがかなりあります。たいていはLINEやInstagramのようなSNS、チャットアプリのせいですが、本当に学習の邪魔になります。

ですから、インストールしているアプリは、基本的に**通知オフ**に設定してください。子供が学習に集中しているとき、どんなことであれ、妨害したくありません。集中する時間を長くする環境を整えれば、子供は勝手に成長してくれます。

ということで、時間管理に利用するアラーム機能以外は、通知オフです。

POINT
子供のスマホは学習専用に設定する

●ブラウザにフィルター機能をつける

スマホを購入する際、携帯会社の**「あんしんフィルター」**を導入する方も多いと思います。それで、大体の有害サイトをブロックすることができますからね。

また、それに加えて、検討してほしいのが、**広告フィルター機能**です。

ネット検索をしていて、ついつい広告に目がいってしまうことがあります。

しかも注意したところで、あんまり効果がありません。ついつい見ちゃうのでしょうね。

しかし、こんなことで検索のほんとうの目的を見失うなんてことにもなりかねません。

ChromeやSafariといった各ウェブブラウザには、広告をできるだけ出さないアプリや機能があります。

たとえば、Chromeであれば、拡張機能で広告ブロッカーやYouTube広告ブロッカーも無料で追加することができます。

また、KiwiやBraveなどのように、はじめから広告フィルターが搭載されているブラウザもあります。

どれも無料なので、いくつか試してみて、使いやすいブラウザを使うといいと思います。

●お気に入りサイトのブックマーク

ここまで〝掃除〟が終わったら、最後に〝本棚〟を整理整頓します。

スマホの〝本棚〟って？　それはお使いのブラウザにあるブックマークのことです。

ブックマークしておくと、検索するたびに一から調べなくてもよくなりますね。

日頃から辞書代わりに使えるお気に入りのサイトをどんどん登録しておきます。

フォルダを教科ごとに分類しておくと便利です。

子供自身で登録できるように、はじめにブックマークのやり方を教える必要があるかもしれません。検索に割く時間を短くするためにも、早めに子供が自力でブックマークできるようにしてあげたほうがいいでしょう。

●YouTube広告対策

YouTubeを学習に使うには、広告などの不要な要素を排除する必要があります。

「子供向けのYouTube Kidsに登録すればいいのでは？」と思う方もいらっしゃるかもしれません。しかしこの場合、子供向けの動画のみ配信されるので、見たい動画が見られなくて困ることもあります。

YouTubeのペアレンタルコントロールはどうか？　こちらもいちいち親が見る動画を承認する必要があって、管理が大変という意見もあります。

しかし、先に述べたようにブラウザに広告ブロッカーを追加するか、広告が入りにくいブラウザを利用すると、かなりの分量の広告を非表示にできます。

YouTubeプレミアムに有料登録して、完全に広告削除することもできます。

現状では､広告ブロックする機能を追加するのが､使いやすい設定ではないかと思います。

また、子供が関連動画を無意識に見ないように自動再生モードをオフにしましょう。

POINT

不必要なアプリの削除、無駄な情報をブロックするアプリの追加を設定

どこでスマホを使うべきか

●スマホは大人の目の届く範囲で

子供が自宅でスマホを利用するとき、リビングなど家族がいる場所で使うようにします。自室に持ち込ませないようにしたいですね。

ネット検索をするうちに無意識に関連サイト・動画をクリックしてしまい、目的を見失う可能性もあります。

だからといって、**フィルタリングを強めると、検索しにくくなるデメリットがあります。**

解決策としては、広告や違法サイトをカットするアプリを入れるくらいにして、検索しやすさを優先しましょう。どうやったって抜け道があり、それらをすべて防ぐことは不可能なため、使う場所を制限することで、子供を守るのです。

では、「自分の部屋で使いたい！　そっちのほうが集中できる」といわれた場合は？

家族で事前にルールを決め、使う目的と制限時間を申告するように伝えるのが一番です。

●直接民主制をとる

こうしたルールについては、家族全員で話し合って決めなければいけません。子供を大人扱いして話し合うことが必要です。間違っても、勝手にルールを決めて強制してはいけません。彼らが判断する時間を奪わないように気をつけます。**逆に「お母さんが決めて」と子供が他人任せになることもあるかもしれません。自分から学ぶ子にするためにも、それも避けたいですね。**

家族全員で考え、子供にも同様に自分の考えをいってもらいます。時間がかかるかもしれませんが、この話し合い自体がとても実りある学びではないでしょうか。

要するに、直接民主制です。家族それぞれの「一票の重み」は同じ。対等に話し合い、家族でもめないルールをつくります。

できることなら、スマホの使い方のルールを家族共通のものにしてください。つまり、親も娯楽との付き合い方を変えます……。子供だけ規制すると、本当の意味での平等ではないですから（難しいかもしれませんが、僕の理想論です）。

最初はルールを決めても失敗ばかりかもしれません。

「あぁ、また勝手にゲームやってる！」とか。「お姉ちゃんだけ、好きなドラマ観てるのズルい！」とか。そのたびにルール修正。家族で納得がいくルールに変えていきましょう。家族だけのルールなので、すぐルールが改正できていいですね。

「スマホゲームダメ！　絶対！」と強権発動するのではなく、おもしろがりながら「法改正」しましょう。

国会みたいな演出をしながらやってもいいかも。それもまた学びにつながります。

そして成立したらルールを掲示して共有します（スマホの待受画面に設定してもいいかも）。

そうやっておもしろがって教育しているうちに、思春期以降はきっと自分で管理することができるようになるでしょうね。

いずれにせよ、家族でルールを決めて、その通りに使うことが大切です。家族だからといって曖昧にせず、ルール通り行動することが大切と教えてあげるいい機会だと思います。

POINT

スマホは基本的に大人がいる場所で。自室使用のルールは家族でつくる

●●●●●●＊学習用スマホに最低限入れておきたいアプリ＊●●●●●●

・画像検索アプリ……植物検索アプリ、算数・数学の検索アプリ、漢字画像検索アプリ
・ブラウザ（広告ブロック付き）
・文章作成アプリ
・電子書籍アプリ
・録音アプリ
・地図アプリ
・動画編集アプリ
・Ｇｏｏｇｌｅアカウント

第六章　自宅学習の限界をどう乗り越えるか

自宅学習の限界

●親子では乗り越えられないオンライン学習の壁

親子で自宅学習を続けていると、さすがにつらくなってくることもあります。

「教えているといつの間にかケンカになる」

「仕事をしているときに質問されると困る」

そんな意見をよく耳にします。

いくらオンライン学習がいままでよりも便利であったとしても、親子では乗り切れない点があります。とくに中学受験を目指している子供であればなおさらです。

具体的には以下の三つにまとめられるでしょうか。

＊苦手科目をフォローしきれない

＊受験勉強（過去問研究など）に対応できない

＊親子でおこなっている学習が、本当に効果があるのかわからなくなる

検索しても、算数や理科の応用問題、国語の記述問題の答え合わせをおこなうのは難しいかもしれません。検索するにも限界があります。

こんなふうにいうと、「やっぱり塾に通うべきか?」と思われるかもしれません。

しかし、塾に通うと、決められたカリキュラムの授業を不必要に受けることになり、子供がやりたいことに熱中する時間を奪うことにもなりかねません。

また、塾に行くからといって、これまで続けてきたオンライン学習をやめるのももったいないですね。

ではどうすれば、いままでやってきたことを継続しつつ、自宅学習の限界を乗り越えることができるのでしょうか。

POINT

オンライン学習の限界を認識しておくことも大切

中学受験をどう乗り切るか

●受験の出題分野は一般的に何年生で習う?

とくに、中学受験となると、それなりに作戦が必要です。まずは、塾でどのようなカリキュラムで単元を習い、それがどのように受験と関係しているのか、知っておかなければいけないでしょう。簡単に説明します。

受験で主に出題されるのは小五・六の分野です。

四谷大塚のカリキュラムをもとに、ざっとお伝えします。

＊国語：慣用句、文法、漢字、読解問題
＊算数：特殊算、計算、図形問題など
＊理科：生物・地学・化学・物理の四分野
＊社会：地理・歴史・公民の三分野

これらを一般的に大手塾では**「小五の二月から小六の七月」**の間に学習します。

以上の教科・単元のなかで、「これはうちの子苦手だなぁ」とか「独学では難しそうだなぁ」という場合、プロの力を借りる必要もあるかもしれません。

では、小五からみっちり塾に行くべきか？　というと、そういうわけではありません。

プロに依頼するタイミングは二回です。

ひとつは、小五春。小五の単元をはじめるときに苦手教科のみ依頼する方法です。

もうひとつは小六夏。過去問研究のラストスパートでみっちりプロに仕込んでもらう方法です。

以下、順に説明します。

●小五春からピンポイントケア

小五の単元をはじめようと思うときに、家庭では対応しきれないことがあります。子供が親子で学習するのを嫌がる、専門性が高くて親が対応できないなど、理由はさまざまです。

ここでは学校がはじまるタイミングで、苦手教科だけをピンポイントケアする方法をお話しします。これは高校受験や大学受験でも通用するやり方です。

＊まず、小四までに好きな教科学習に関して、小五・六の分野をオンライン学習でガンガン予習し、そのぶん、苦手教科はマイペースに進める

これが最も大切です！　子供に苦手教科に対する劣等感を抱かせないようにします。嫌だと思うと、ギリギリまでやる気が出ず、やらないわけにはいかないので無理してがんばるといった状態になりがちです。これでは成長率が悪くて受験直前にかなり困ることになります。

無意味な劣等感を小五になるまでに植えつけないことを優先します。

＊小五になったら、危険そうな苦手教科のみプロに依頼する

オススメの授業の受け方は三つ。

①集団授業の単科受講
②個人指導の学習塾・家庭教師
③オンライン家庭教師

①集団授業であっても、可能であれば単科受講を選択しましょう。全教科受講すると、好きな教科まで一から教わる必要があり、効率が悪いからです。

②個人指導で苦手教科の苦手単元だけ指導してもらいます。オンライン学習をやっていくなかで解らなくなったら、個人指導を入れて解決。これを繰り返します。

③オンライン家庭教師なら、さらにこちらの都合に合わせて依頼しやすいです。お気に入りの先生を何名か見つけておいて、困ったらピンポイントで授業という流れにすると長期的に習えて、しかも費用も少なくて済みます。

このひとつ目の方法は苦手教科・単元だけ教えてもらうため、費用負担を減らします。

●小六夏からラストスパート

こちらは小六夏からガッツリ習うパターンです。

＊小六の夏までは、小五～小六の一学期までに塾で習う単元を、ひと通り問題集とオンライン学習中心で学習する

二ヶ月に一度のペースで模試を受けて現状分析（小五夏以降）します。

塾に行っていないぶん、時間があるので、フィールドワーク、創作や自分のやりたいことをどんどんやる。できたら苦手教科も基礎的な学習をひと通り終わらせておきます。

＊小六夏、過去問研究とほかの受験生の様子を観察する目的で通塾

志望校や苦手教科の状況にもよりますが、夏終わりごろから過去問を解くことを中心に勉強しはじめます。過去問の解法テクニックや子供の解答の添削などについて、家庭だけでは難しいと思ったタイミングで、本格的に通塾あるいはプロ教師に個人指導を依頼します。また、毎月模試を受けて、受験特有の緊張感に慣れるようにします。

以上がふたつ目の習い方です。

このように、塾で小六夏までに習う全分野はオンライン学習で学べます。よっぽど「家でやりたくない！」とならない限り、自宅で学んで十分受験レベルに到達できるのです。ですから、基本は塾には小六夏からガッツリ行くという前提で、それまでに「ちょっと苦手教科が危なそうだな」と思ったら、ピンポイントでオンライン家庭教師というのが好判断かもしれません。

半年限定の本気受験勉強ならストレスが少なくて済みますね。それまでには自分からどんどん情報を得て賢くなっていますから、もう頭がスポンジ状態で塾の授業も楽しく受けられることでしょう。これなら無理なく一気に追い込みをかけられます。

なお、これらの通塾にかかる料金について計算してみました。

＊オンライン家庭教師（月四回一時間レッスンした場合）↓年間一五万円

＊プロ家庭教師に学習相談（自宅学習の教材選び・学習計画・モチベーションを維持する方法などを相談）（月一、二回実施した場合）↓年間一二万円（時間給次第）

＊小六夏から通塾した場合→半年で六〇万円（夏休みの復習講座、秋以降は志望校の入試問題演習ができる土日の講座のみ）

これに加えて、学習アプリ代や書籍代などがかかるでしょう。かなりざっくりですが、イメージできましたでしょうか。正確には、通いたい塾に経費をたずねてみてください。

オンライン家庭教師は毎週やる必要もありませんし、同じ教科を教えてもらう必要はありません。そのとき質問したい教科・単元に対応してもらえばいいでしょう。

プロ家庭教師に学習相談すれば、受験までの学習プランを立てやすいので、小六夏までプロ家庭教師にだけ定期的に学習相談という形もアリです。

小六夏からは塾の平日通常授業を受けるかどうかで料金が変わりますが、自宅学習ができているのなら、土日の授業と模試を追加すれば十分です。

ふつう小四、五年生は大手塾で年間五〇万円前後、小六で年間一二〇万円以上かかるといわれています。**小六夏からフルで通塾したとして半年で六〇万円程度ですから、かなり安く済みます。もちろん、安く済むからといって質が下がるわけではありません。**

このパターンで私立中上位校の受験さえもうまくいきます。とはいえ、自分なりに高めてきた子が、現状で入れる学校に滑り込むのが子供には理想的です。高望みして合格できても、入ってから授業についていくのがつらいものです。せっかく入学したのに落ちこぼれたりしてしまうと、その先の高校や大学の受験で大きなハンデになってしまいます。

ゴールは中学受験の結果ではなく、受験後、そして大人になってからも充実した人生を送ることです。

伸び伸びとストレスのない学校生活を過ごし、やりたいことを探究する時間をたっぷりとれるようにしてあげたほうがいいと僕は思います。

そのために、まず、自分のレベルに合った学校を選ぶことが大切です。

自宅でマイペースに高めるところまで高めておいて、自分のレベルに合った学校を目指すなら、小六夏からの通塾でも十分間に合います。

POINT

子供のレベルや適性に合わせて、小五スタート、小六スタートを考える

羅針盤になる先生

●親子だけで自宅学習するのはつらい

ここまで「中学受験を目指すなら」、ということでお話ししましたが、中学受験しない子や、まだ受験には早いという幼い子の勉強は、親子だけでやるべきでしょうか？

もし、普段の学習で、**「親子だけでは限界！」**となった場合、オンライン学習をやりながら、自分たちだけでは解決できないことを先生に相談したいものですよね。

そこで僕がオススメしたいのは、**直接やりとりできる先生と契約する**（具体的にどうすればそういう先生が見つけられ、契約できるのかは次項で記します）ことです。

そういう先生に教科指導だけでなく、気軽に自宅学習の方法についても相談し、どのように家庭で学習していくべきかの方針を示してもらえばいいのです。

つまり、子供を伸ばすための正しい進路を示す羅針盤みたいな先生ってことです。

そういう先生が近くにいるだけで、かなりの悩みが解決できると思いませんか？

●学習の全体像を見渡してもらう

子供がいま、どの習熟レベルに到達しているのか、親子だけで学習の全体像を把握するのは最も難しいことのひとつです。

「受験という目標もないし、どれくらいのペースでやっていけばいいのか？」

「このままやっていて、果たして本当に意味があるのだろうか？　何を基準にしてオンライン学習を続ければいいのだろう」

あるいは、「高校受験のほうがこの子にとってプラスなのか？　やっぱり中学受験すべきなのか？」とか。

さらに、親子で勉強していると、どうしても口ゲンカになって、勉強どころでなくなることもあるでしょう。ていねいに説得を試みても、子供が「もう勉強しないもん！」とへそを曲げてしまうこともあるかもしれません。

そんなとき、先生に親子ゲンカの仲裁に入ってもらったり、さらにスマホやタブレットのパスワード管理も頼んでおくと、親の精神的なストレスが軽減されます。それによって子供がパスワードを勝手に変更するなど、ルールを破ることを予防することができます。

塾であろうと個人契約であろうと、とくに今後の子育ての見通しをつけてもらうために、いまの学習状況を〝交通整理〟してくれる先生とつながることができたら、強力な学習サポートが期待できます。

うまくいけば月に一度の学習相談だけでも十分ですから、料金も安く済ませられます。

たとえば、どの問題集を使えばいいか、一週間どれくらいのペースで学習すべきかアドバイスをもらいます。また勉強の仕方がわからないときに質問することもできるでしょう。親子で自宅学習しているとどうしても頑張りすぎてしまいますが、先生に相談できれば、優先すべき教科・単元を指示してもらい、子供が勉強嫌いにならないように、バランスを保つこともできます。

そうやって、小学校の間、子供に無理させることなく伸び伸びと学ばせられたら、自分からすすんで学べる子に育てることができますね。

POINT　学習相談できる先生と直接契約する方法もある

いい先生の見つけ方

●学習相談できる先生をどこで探す？

しかし、そんな先生、どこにいったら出会えるのでしょうか？

そんな都合のいいひといるのでしょうか？

はい、かなりいると思います。

大手の学習塾にも、オンライン学習と併用することを前向きにとらえてくれる先生がいます。そんな先生に子供の苦手教科を単科で指導してもらいながら、相談に乗ってもらえるかもしれません。ただ、大手塾だと、せっかくいい先生に出会えたのに、異動で会えなくなるということもあるので、ご注意ください。

比較的小規模の塾なら、先生が異動でいなくなることはまずないですし、柔軟に対応してくれるでしょうから、学習相談だけというのもアリです。友人・知人の評判をもとに探すと、いい先生に出会いやすいと思います。

また、一対一の指導を実施している塾や家庭教師も頼りになります。一対一なら、たいていオーダーメイドでレッスンできます。苦手教科のやり直しのために前の学年の単元を教えてもらいたい、受験に向けて学年を飛び越えて先取り学習したいといった要望に柔軟に対応してくれます。オンラインも可能という先生も多いでしょう。

質問・相談を事前に準備して依頼すると効率がいいですね。

「それでもいい先生がいない！」となるならネットで探すこともできます。

ポイントは、「自分が共感できる文章を書く先生」です。

先生のSNSやブログを見て、「いいなぁ」と感じたら、子供に相談。問題なければ、即連絡です。共感できる言葉を書いているひとは、当たりの可能性大です。もしかすると、子供自身が検索するうちに会ってみたい先生を見つけてくるかもしれませんね。

塾に入って担当の先生を振り当ててもらうのではなく、そんなふうに先生探しも主体的に検索です。そうすれば、きっといい巡り会いがあるでしょうね。

POINT 友人・知人の口コミや検索で、主体的にいい先生探しをする

ほかの家庭とつながる

●孤立しないようにする

コロナ禍での休校期間中、多くの家庭が子供の教育について悩んでいました。でも、各家庭がつながって意見交換していたという話はあまり聞きませんでした。

自宅学習の根本的な問題は「親子が孤立すること」ではないかと僕は思います。

しかしネットがここまで発達しているいま、学校に通えなくても、孤立した家庭同士でつながることは可能だったのではないでしょうか。僕はそこにヒントを得ました。

そうです。先生を雇うのではなく、同級生など同じ立場の家庭同士が連携すれば、自宅学習での悩みもお互いに相談して、子供の学習環境を整えることができるのです。

子供の仲のいい友人、あるいはみなさんの友人とのリアルなつながりから、まずははじめてみるのがいいでしょう。そしてさらに、ネット上でメンバーを募集して、子供の教育環境をシェアする〝**マザーズスクール**〟を立ち上げることもできます。

立ち上げるといっても、そんなに難しいことではありません。ＦａｃｅｂｏｏｋやＬＩＮＥ、Ｓｌａｃｋですぐ作成できますから。

いま、ちまたでは著名人のオンラインサロンが流行しています。これと同じ仕組みを使って、教育の場を母親たち主導でつくれば、オンライン学習で孤立することを防ぐことができます。

教育に対して同じ考え方を持った家族が、リアルなつながりとＳＮＳなどを介して、ひとつのコミュニティになる。

たとえば、交代制で子供を預かることもできるでしょう。

苦手科目があって、それを解る子がいたら教えてもらうことだってできる。

お気に入りの先生を呼んで一緒に教えてもらうこともできるでしょう。先生をシェアすれば、ひとり当たりの費用も安く済む場合もあります。

いやぁ、書いていてワクワクしてきました。オンライン上で〝マザーズスクール〟が日本中にできたら、本当にオンライン学習だけで学習環境を整えることもできる気がします。

●マザーズスクールのつくり方

＊奉仕で成り立つ仕組み

基本的にすべて無料で作成。ただし、先生の授業料は割り勘。

＊Facebookの非公開ページでつくる

情報共有の場所として使う。SlackやLINEでも可能。YouTubeの非公開設定で動画共有することもできるだろう。

＊SNSで仲間募集（審査アリ）

＊先生のシェア

信頼できる先生をシェアすることで、各家庭の支払う料金を抑えて指導を受けられる。

＊学習相談会

受験情報などもお互い情報共有する。場合によっては信頼できる先生にみんなで相談する。

＊先生に自宅で教えてもらう

プロ家庭教師を自宅に呼んで、友達も呼び、学習会。子供を預ける機会としても利用できる。

＊作文投稿
子供たちがつくった作文や作品を投稿してみんなで共有する。コメントを書き合い、家庭間で高め合う。
＊Ｚｏｏｍ朝の会
Ｚｏｏｍ朝の会を企画し、子供たちがお互いの学習計画を発表。週一開催。そうすれば、学習習慣が崩れにくい。
＊子供先生勉強会
子供が得意な教科をほかの子供たちに教える勉強会。
＊フィールドワーク企画
フィールドワークをネット上で企画してほかの子と一緒に外出する。
＊オフ会企画
たまにオフ会と称してキャンプ等を開催する。
一緒に遊ぶ体験を重ねることで、オンラインでのコミュニケーションが円滑に進む。

このように、お母さんたちが力を合わせれば、社会の状況がどうであれ、子供にいい教育を与えつづけることができます。**この本に書かれていることは〝マザーズスクール〟ですべて実践することができます**が、それにはお母さんたちのマンパワーが必要です。仲間を探さなければいけませんからね。

でも、僕は信じています。自分から学ぶ子を育てる親というのもまた、とっても主体的に行動できるひとだと……。お互い協力して、負担をシェアしながら、子育てを乗り越える、オンライン〝マザーズスクール〟。やってみる価値はあると思うのです。

POINT

ほかの家庭と連携してオンライン学習の質を高められる可能性もある

あとがきにかえて

何が何に続くかはわからない。でも何かを始めなくては次の何にもつながらない。やってみて、修正して、またやってみる。物事はそうして「進化」していく。「オンライン化」とは正しくそうしたプロセスである。そしてそこには「すぐやる精神」が必要である。

教育環境設定コンサルタントとしての私のしていることは、子供たちのアタマを良くすること、精神状態を良くすること、楽しくオモロく生きる術を教えることだ。そしてそのために教育のなすべきことは、その最大最高の教育環境設定、つまり「焚き火」——焚き火のもつ力については本文で触れた通り——ということになってしまうが、焚き火の効能については「知性」というよりも、「感性」を併せ持っていないと理解できない。そしてその「感性」とは「表現」に直結しているものでなければならない。

なぜこういうことを記したかというと、前田さんは何と元々は映画制作者なのである。おまけに一橋大学大学院で自分の表現をさらに高めるために映画理論の研究をして、修士論文も書いている男である。拙事務所内ではフィールドワークコース（詳細は本文参照）

を開設し、子供たちを街に引っ張り出したり、美術館に連れて行ったりし、その体験を文章化させて、それをネットで共有するという活動を展開してきた。

そしてあるとき、焚き火の次は何なのかと尋ねてきた。

「そりゃ決まってるの。焚き火の次は囲炉裏よ。自然に包まれた古民家環境の生活経験と、そこでの深い学習体験を与えることさ」と私は無責任に答えた。

「すぐやる男」は恐ろしい。しかも粘り強い。やや苦労はしたが、やがて彼は東京・奥多摩の古民家を一軒借りることに成功した。もちろん、居間には囲炉裏が設《しつら》えられていた。おまけにそこにDIYで薪ストーブも設置した。もう五年前のことである。

その古民家では、子供を何事に対しても前向きにさせるという理想的な教育環境設定と、感じたことや思ったことを文章や絵画などで表現するという『「感性」と「表現」が直結した能力開発学習』が実現された。定期の焚き火合宿も実践している。

そこに参加する子供たちは皆パソコンを用いて詩や小説を書いており、火を囲んでお互いの作品構想の話で盛り上がっている。ここでは数年前からオンラインの利用が始められていた。書いたものの即時交換や発表が自在なのである。こんなことこれまでは不可能だだった。そして彼らの活動をヒントに、コロナ禍をチャンスととらえ、前田さんは自分の生徒たちにオンライン授業を開始した。同時にその効果について検証をおこなった。

生徒たちがふだん生活しているところは清潔で快適な都会のマンションの密閉空間。その彼らにとって日常とは正反対の生活体験が囲炉裏古民家で得られる。昼は山と森ばかりの景色が開け、夜になると真っ暗でしかも静寂に包まれる。おまけに囲炉裏と薪ストーブまであって、火を扱える。都市在住と正反対の環境だ。

ここで、子供たちは自分の胸の奥にある生きる気力をチャージしているように見える。

自然環境のなかでなら、アタマが働きやすくなる。何もこれは別に教育の世界に限らないことらしい。現在多くの最先端IT企業でも同じ動きが広がっているという。何と彼らは、自然のなかに移動してオンラインで仕事をすることを「キャンプ」と呼ぶという。高層ビルのオフィスでモニターに向かって仕事をし続けるのはストレスフルである。逆に自然環境から創造的なエネルギーを得ながら仕事に打ち込むことは、とても合理的なことである気がする。

このことは今後オンライン学習をおこなっていく子供たちにも当てはまるだろう。オンライン学習はかつてないほど効率的な学習システムツールである。しかし一方では、スマホやパソコンに触れる時間が増え過ぎて、結果的にアナログ的な実際体験が不足しがちになってしまうという危険性もある。自然環境はこの「アナログ」の極みである。オンラインに親しめば親しむほど自然環境に接することが欠かせなくなる。

我々はこれまで何人ものゲーム依存の子供を焚き火の力によって回復させせた経験がある。子供の脳がデジタル漬けになる前に、アウトドアに連れて行くこと、これは親の仕事だと思う。だから、いま親が子供にすべき最も大切な教育環境設定とは、オンライン学習に道を開くと同時に充分な自然体験の機会を与えることである。このことを再度確認し、この本が読者の皆様の子育てのお役に立つことを願って、この本の「あとがき」にかえたい。

そして、末尾ながら、親族たちの思い出の残る囲炉裏古民家を、教育活動の場として利用することを快く引き受けて、この本の成立のきっかけを与えてくださった大家さんの清水さんご夫妻に心より感謝の気持ちを捧げたいと思います。

令和二年　晩秋

松永暢史

I　巻末付録

①オンライン学習をもっと便利にするツール

スマホを固定する三脚・スタンド
動画授業、SkypeやZoomを利用するときスマホを固定できる。自立するタイプもあれば、机とくっつけるスタンドタイプもある。

スタイラスペン
電子ペン。タブレットに直接メモやスケッチしたいとき使う。値段はピンキリだが、ペンを傾けても正確に線が引ける傾き検知機能がついているほうが使いやすい。ペン先と線がズレたり、線が遅れて表示されたりしないペンがいいだろう。

モニター（テレビ）
画面を大きくして見たいときに接続する。ワイヤレス（無線）でスマホとモニターをつなぐ方法もあるが、自宅の機材が対応しているかどうかによる。いまのところケーブルで接続したほうが使いやすいだろう。

スマートノート
ノートに書いた文字や絵をスマホアプリでスキャンするだけですぐにデータ化できる。書いたものは何度も消して半永久的に使える。計算用紙として、あるいはホワイトボード代わりとして使うこともできるだろう。

地図アプリ（無料）
地図の読み取りが苦手という子は、日常生活のなかで学習するように心

がけるといいだろう。古地図が表示できるアプリもあるといい。

文字起こしアプリ（無料）
作文を書くのをイヤがるとき使える。子供が話したことを録音しておいて、それをそのまま文字起こしすると、作文の骨組みをすぐにつくることができる。

動画編集アプリ
動画編集も文章をまとめるのと同じで、表現手段として使えるようになっておくといい。動画でまとめるというのもひとつの学力となる日がいつかくるかもしれない。iMovieやQuikなど無料アプリでも十分編集できるだろう。

ビデオ通話アプリ（無料）
ZoomやSkypeといったビデオ通話アプリは、オンライン家庭教師以外にも使い道が多い。友人同士で勉強会を開いたり、問題の質問などが手軽にできる。オンラインゲームはみんなで話し合えるのが楽しみのひとつだが、ビデオ通話アプリで複数人と勉強会をすれば、子供のゲームへの欲求も少しは解消されるかもしれない。

みんチャレ（無料）
三日坊主防止アプリ。新しい習慣を身につけたい五人一組でモチベーションを高め合う。友達同士でもそうでなくてもアプリ上で募集して、切《せっ》磋琢磨《さたくま》しながら学習し続けることができる。

暗記マスター（無料）
ノート・PDFから問題集をつくれる試験勉強アプリ。自分が暗記したいと思っている項目を自由にまとめることができる。

---

②教科学習アプリ
（※iOS版かAndroid版、どちらかしかない場合もあります）

＊算数＊
Qubena 小学算数・中学数学
AI（人工知能）を搭載した小学算数・中学数学教材。
生徒一人ひとりの学習データからつまずくポイントを分析し、その子に必要最低限の問題をピックアップしてくれる。月額1950円（税込）〜。

Photomath（無料）
解らない問題をスキャンすると、解き方と答えを教えてくれる。
ただ、日本語が入るとあまり正しく答えを出してくれないことが多い。

立体学習あぷり Lite（無料）
中学受験生が理解しにくい立方体の切り口の問題を自分で作成して、3D映像で切り口を理解できる。
有料版だと、体積計算や円柱・円錐を展開させることができる。

＊国語＊
漢字辞典
――手書き漢字検索（無料）

手書きで漢字検索することができる。漢字辞典と同じように、読み方、部首からも検索可能。

Weblioの類語や関連語検索（無料）
ウェブ上の辞典Weblioの類語・関連語検索機能。子供が作文を書いていて、同じ表現ばかりになってしまったときに類語や関連語を探すことができる。

漢字検定・漢検漢字トレーニング（無料）
漢字能力検定の二級、準二級、三級、四級、五級、六級で出題される全1494漢字を練習できる。九分野、全5038問題を収録。中学受験をカバーしつつ、検定も目指せる。

小学生手書き漢字ドリル1026（無料）
このアプリひとつで小学校の六年間に習うすべての漢字を学習。メニューは学年ごとに分かれている。必要最低限の漢字を習いたい場合こちらをオススメする。

＊理科＊

BEAKER by THIX（無料）
手のひらで化学実験ができるアプリ。スマホが実験室のビーカーに。スマホを傾けるとアプリ内のビーカーが実際に傾いて薬品を入れることができる。覚えにくい化学式を自然と学べる。

世界の昆虫採集ライト（無料）
現実の時間で展開する架空の森を探索しながら、世界の昆虫を採集していく。約70種類の昆虫が登場。有料版もある。

タイニーボップのヒトのからだ～あそんでまなぼう（490円）
人体のデジタルモデルアプリ。心臓、肺、消化器、感覚反応、目などの理科の単元を視覚的に学べる。

＊社会＊

こちずぶらり（無料）
世界の古地図や絵図と現在地を連動させて街歩きできる。このアプリを開発する株式会社Strolyでは、これのほかにも各地の地域専門の古地図アプリがある。

古地図散歩時代を重ねるマップ（無料）
こちらは明治時代や昭和初期の地図と連動した古地図アプリ。関東大震災や戦争で地形がどう変わったのかを知りたいときに使えるだろう。

まるごと工場見学（一部無料）
まるでその場にいるかのように、上下左右360度、三つの工場を見学できる。「製品ができるまでにどんなプロセスを踏んでいるのか?」に対する理解は適性検査型試験に出題されることが多い。見学できるのは「機体の整備工場（日本航空株式会社）」「製鉄所（JFEスチール株式会社）」「ガラス器製造工場（松

徳硝子株式会社)」の三つの工場。工場内のすべてを見学するのは有料(ひとつの工場につき120円)。

＊英語＊

FluentU:言語学習アプリ
――ビデオで言語を学ぼう!(無料)

英語のミュージックビデオ、映画の予告編、ニュース、そして日常会話を動画と字幕で学ぶことができる。英語だけでなく、その他の言語も学習可能(スペイン語、フランス語、中国語〔北京語〕、ドイツ語、ロシア語、韓国語、イタリア語)。

ぜったい覚える! 英検®3級単語帳(無料)

英検三級によく出る英単語を284個登録した、英検三級合格を目指すひとのための学習ツールアプリ。覚えられない単語には付せんを貼って、苦手な単語のみを集中して復習することもできる。

英検®問題集(無料)

全1181問の短文空所補充、会話空所補充問題などを収録。英検二級・英検準二級・英検三級などに対応。同じ会社から英検単語学習アプリなども出ている。

英検®リスニングマスター5級4級(無料)

まだ英語になれないころは、初級レベルのアプリでゆっくり学ぶといい。英語もリスニングメインだと嫌がらないだろう。

英検®2級 問題集解説付き(無料)

英語のレベルが上がってもアプリで十分学習可能だ。このアプリなら英検二級の過去問を実際にアプリで解答することができる。

Duolingo(無料)

外国語学習アプリ。英語の単語や発音、文法がゲーム感覚で楽しく、効率よく勉強できる。デザインが良く、つい使いたくなるのでオススメ。

早打ち英文法(無料)

このアプリだけで中学や高校で学習する代表的な英文法が学習可能。英文法を嫌がらない子なら、アプリでたいていの英文法を小学生のうちに学ぶこともできるだろう。

---

③無料サイトまとめ

＊算数＊

スマートレクチャーわくわく算数

啓林館の「わくわく算数」に掲載している「みんなで考える問題」を解説した無料の動画コンテンツ。小一から六年までのすべてのコンテンツ(969本)を視聴することができる。

目で見る算数

教育出版による学校用に制作された映像教材。「ピタゴラスイッチ」の佐藤雅彦氏監修。YouTubeでサンプルが公開されている。サンプルとはいえ、かなり見応えがある。

【その他オススメの算数YouTubeチャンネル】

・中学受験算数・高校受験数学 けいたくチャンネル
・Kentaro channel
・ふるやまん
・ピョートルChannel
・数学・英語のトリセツ!
・理数館の算数の人
・みらいいチャンネル（プログラミング学習）

＊国語＊

漢字ペディア

漢字の成り立ちが調べられる無料サイト。漢検を主催する団体が制作。

air-shodo.com

書道は漢字学習になると僕は思っている。本サイトでは、手書きやスタイラスペンを使って、スマホ画面でデジタル書道ができる。絵を描いたり、文字を書いたり、自分なりの味のある作品をつくることで漢字も絵も描くように遊びながら学べる。

公募ガイドONLINE

公募、コンテスト、コンペ、募集情報を掲載。小学生でも応募できる小説コンクールなども掲載されている。「応募して一発当たるかも」と思うと、それだけで文章力を鍛えるきっかけになる。コンテスト情報サイトの「登竜門」も同時に確認するといいだろう。

ぱのみや

お笑い芸人オジンオズボーン篠宮さんのYouTubeチャンネル。漢字の覚え方を教えてくれる。漢字嫌いでも『うんこドリル』は小学生に大人気だ。笑いがあると嫌な漢字も覚えやすくなるだろう。

＊理科＊

理科ねっとわーく

小・中・高等学校向けの理科教育・学習用デジタル教材を集めたWebサイト。「デジタル教材」は、136タイトルある。また、約5万点もの動画・静止画などの「デジタル素材」で構成されている。実験動画を見たいときに利用するといい。

デジタル理科室へようこそ

富山県総合教育センターが運営する理科のデジタルコンテンツまとめサイト。小学校から高校までの学習内容を扱っている。

サイエンス チャンネル

国立研究開発法人科学技術振興機構が提供する科学技術の動画専門サイト。最新ニュースからドキュメンタリー・教材まで科学に関する情報が集まる。2020年から子供向けコンテンツを集めた「サイエンスチャンネル キッズ!」が追加されている。

米村でんじろうサイエンスプロダクション

YouTube公式チャンネルに実験ムービーが多数投稿されている。理科の苦手な子でも楽しく見ることができるだろう。

＊社会＊

今昔マップ on the web

全国41地域の明治以降の新旧の地形図を見くらべることができる。

Googleマイマップ

Googleマップで自分の地図を作成、共有できる。僕はテーマごとにルートや気になるスポットを登録している。たとえば、河川&暗渠ルートマップや日本の歴史地図、江戸切り絵図と重ねたマップなど社会学習に使える有益なマイマップがつくれる。

日本史ストーリーノート

大学受験生向けの日本史の授業動画をYouTubeで配信。小学生でも興味があるなら、高校生レベルの動画もどんどん見るべきだ。

PoliPoli

政治家に直接意見を届けられる政治プラットフォーム。慶應大生が起業して制作した。政治家とまちづくりについて直接話し合える。選挙権のない子供も参加しやすい。発言することで、政治を学ぶことができるだろう。

＊英語＊

BBC Learning English

イギリスの放送局BBCが制作する英語学習サイト。映像授業やテキストも充実している。スマホアプリもある。リスニング、発音、語彙《ごい》、文法、文化などを総合的に学ぶことができる。子供向け教材も充実。

スタディギア for EIKEN

英検公式の英語学習サービス。基礎固めから英検対策まで幅広く対応。カスタマイズ学習で苦手な単熟語をピックアップして問題を出題してくれる。英検の受験内容がほとんど学習可能。スマホアプリもある。

WT (Writing Tutor)

300ワード程度の英作文を自動添削してくれる。英ナビ! 無料会員登録で、同サイトを無料で使える。

英語発音入門

英語の発音についてまとめられている。甲南大学制作。

READING BEAR

発音練習ができる英語教材。口の動きを動画で確認できる。

Grammar――OXFORD UNIVERSITY PRESS

オックスフォード大学出版局が運営する子供向け英語学習サイト。英文を読んだり音声を聞いて学習する。簡単な文法が学べる。

VOA Learning English

日常英会話やニュースから英語を学ぶ英語の映像教材。ただし、学習素材として使用するには解説が少ないため、小学生にはわかりにくい可能性もある。

elllo

音声、ビデオレッスンがまとめられて

いる英語学習サイト。収録素材は2500以上。対話形式の英会話が聞ける。さまざまな国の英語が収録されているので、世界中の英語を学ぶことができる。

中学校英語学習サイト
日本の中学校で習う英文法がまとめられているサイト。英文法を嫌がらない子なら先取りしても大丈夫だろう。

**参考書より分かりやすい
英文法解説**
こちらも英文法解説サイト。こちらは高校分野も含んでいる。

【その他オススメの
英語YouTubeチャンネル】
・英語勉強忍者
・Learn English with EnglishClass 101.com

＊全科目＊

NHK for School
全学年の教育映像を配信。難しくて解りにくい単元にぶつかったら最初に見るべきサイト。

大日本図書の動画コンテンツ
大日本図書は独自で動画コンテンツを配信している。たとえば、小学校理科教科書『たのしい理科』三〜六年の内容を解説した無料の動画コンテンツ。インターネットの通信環境があれば誰でも視聴することができる。他教科も充実している。ぜひ見てほしい。

やさしくまるごと小学〇〇
自宅にいながら、小学校全学年分四教科を学ぶことができる映像授業。このサイトで基礎的な学習のほとんどをカバーできる。問題集との利用がオススメ。

ちびむすドリル　小学生
小学生主要五教科の学習プリントまとめサイト。とくに漢字プリントや日本地図白地図など使い勝手がいい素材が多い。『天才脳ドリル』のパズル問題も無料で掲載している。

スクールTV
小・中学生向け無料映像学習サイト。教科書に対応した授業動画。算数理科社会三教科を主に配信。また、効率的な学習のために、秒数スキップ機能と倍速機能がある。スマホアプリあり。

アラエス
誰でも無料で学びを体験できるサイト。読んで学び、自らまとめて学び、誰かをサポートして学ぶことができる。小学生の分野というよりより専門的な記事が多いが、好きな学問なら好奇心のまま読めるはずだ。また、日本史、地理などは小学生でも読みやすいだろう。

MANAVIE
基準を満たす教育動画のみを集めた無料学習プラットフォーム。玉石混交のなかから、できるだけいいものを選び出している。このサイトだけ

で、小中高大までいっきに学び通すことができる。

eboard
映像授業とデジタル問題集で基礎学習が可能。いまのところ、小学生は算数と漢字、中学生は五教科、高校生は数学Iが学べる。中学の理社は中学受験生も使えるだろう。

中学受験ナビ
中学受験のノウハウや学習計画などがまとめられたポータルサイト(※そのほか中学受験情報サイトの記事作成者の個人ブログを検索すると参考になるものが多い)。

Asuka Academy
世界の有名大学の講義を無料で聴講できる。日本語字幕あり。小学生であっても興味がある学問のトップレベルの授業を見たほうがいいだろう。英語力が向上したら、翻訳ボランティアとしてさらにスキルアップさせながら参加できるかも。

カーンアカデミー
英語ではあるが、さまざまな教科を学ぶことができる。算数が学習しやすい。日本語版サイトや、YouTubeに日本語動画もあるので、そちらも確認したい。

【有料サービスまとめ】
スタディサプリ
専用テキストもある映像授業配信サービス。自分の好きな動画だけを見ることができる。主に基礎レベルの動画を配信しているが、中学受験向けの『応用レベル講座』もある。月額1980円(税別)。

四谷大塚オンライン小学校
東進との共同制作したオンライン学校。いまのところ算数の講座のみ。PCではmacOS不可。スマホ・タブレットでの受講は可能。

進学くらぶ
(予習ナビ・週テスト・復習ナビ)
四谷大塚のWeb学習システム。小四以上対象(低学年は、「リトルくらぶ」というコースが別に用意されている)。iPhone、iPadに対応しているが、macOSには対応していない。無料体験あり。予習→テスト→復習を自宅でおこなえる。月額2万円以下で四教科すべて学べる。予習ナビのみで受けるなど部分的に受講することもできる(参考:小学五年生四教科前期2〜7月分11万5290円、小学四年生四教科週テスト+復習ナビのみなら前期7万9380円)。

すらら
無学年式オンライン学習。学年関係なく、嫌いな教科を振り返ることができる。ただ、仕様が使いづらいという意見もある。PCかタブレットでの操作を推奨。小学コース四教科月額8000円(税別)。

タブレット版通信教育

チャレンジタッチ

進研ゼミのタブレット版。ただし一教科だけではなく、四教科申し込みが必須。中学受験対策もある（参考:中学受験対策小四～六　月額7312円）。

スマイルゼミ

まんべんなく学習することができる通信講座。さらに、遅れている教科や間違えた問題を優先して出題する。専用タブレットを購入する必要がある。受験勉強ではなく、学校レベルの問題に対応（参考:小学五年生五教科 月額6100円～）。

Z会

映像授業から学習習慣をつけるサポートも充実。ただし、iPadを用意する必要がある（参考:小学五年生中学受験コースでまんべんなく四教科トータル学習で、月額2万2000円～）。

④中学受験まで使える問題集（リアル本）

算数

『中学への算数』（東京出版）
『算数・数学思考力検定』
（好学出版）
『思考力算数練習帳シリーズ』
（認知工学）
『速ワザ算数シリーズ』（文英堂）

国語

『小学漢字1026が5時間で覚えられる問題集』（大和出版）
『ロジカル国語表現』（好学出版）
『中学受験漢字ガイダンス頻出漢字・語句』（エデュケーショナルネットワーク）

中学受験全教科

『中学受験講座アドバンス』
（育伸社）
『予習シリーズ』（四谷大塚）
『四科のまとめ』（四谷大塚）
『中学入試対策サーパス』（文理）
『小学 実力完成テキスト／
小学 実力完成テキスト まとめノート』
（受験研究社）
『小学実力練成エフォート』（文理）
『中学入試 まちがえるところがすっきりわかるシリーズ』（旺文社）
『中学受験新演習コンプリーション』
（エデュケーショナルネットワーク）

適性検査型試験対策

『レインボウシリーズ』（育伸社）
『アインストーンシリーズ』
（好学出版）
『サーパス適性検査編』（文理）
『公立中高一貫校適性検査問題集全国版』（みくに出版）

※リアル本には塾用教材も記載しています。とてもいい教材なのですが、なかには生徒・保護者個人が直接購入できないものもあります。その場合は個人学習塾や家庭教師など身近な先生に発注してもらうなどの方法をとってください。

⑤オンライン家庭教師

オンライン家庭教師は最近増えています。そのなかから、比較的使いやすそうなサイトデザインになっている会社を紹介します。サイトやアプリ自体が使いやすいかどうかも長く使っていくうえでけっこう大切です。

受験対策アプリNoSchool
スマホアプリを使って無料で質問できる。あるいは、Webサイトの勉強Q&Aで勉強に関する質問が無料でできる。勉強専門の「知恵袋」だ。さらに回答の解りやすい先生にオンライン家庭教師を依頼したいときは、マナリンクから依頼も可能。先生ごとに料金が異なる。時間給1500円〜。

まなぶてらす
小中高校生対象。SkypeやZoomを利用したマンツーマン指導。24時間いつでも好きなだけ受けられる。独自ポイントシステム1ポイントが1.1円（税込）に設定されている。だいたい2000円くらいでひとコマ50分のレッスンが受けられるくらいの価格設定だ。無料会員登録でひとコマ無料レッスンが可能。

スナップアスクsnapask
スマホアプリがあり、解らない問題を写真撮影して、オンライン家庭教師に質問する。ひとコマ30分の質問タイム（1400円）や1ヶ月質問し放題プラン（1万2800円）もある。

191ページよりお読みください。

※この巻末付録の内容は2020年11月現在のものです。料金や内容などについて、変更がある可能性が高いことをあらかじめご了承ください。

↑筆者が運営するサイト「スタマジ」に最新情報を記載しています。

manabo
スマホアプリ専用オンライン家庭教師。タブレットも対応可能。月額3000円（税抜）で1時間レッスンが受けられる。在籍講師は主に大学生。

スタディーメーター
算数・数学の自習をサポートするAI家庭教師。無料アプリ。写真を撮れば答えを教えてくれる。この会社ではプログラミングなどの講座をワンコイン（500円）で開設していて、それもまた魅力的だ。

クァンダ Qanda
数学検索アプリ。問題を撮影して検索すると解説。それでもよく解らないときは先生にオンラインで質問（先生への質問は有料）。小学生の算数にも対応。

前田大介(まえだ・だいすけ)
一般社団法人東京ソーヤ代表。大学卒業後、松永暢史に師事。家庭教師として彼のもとで働く一方で、東京西部にある里山で子供たちとその家族と焚き火を囲む「焚き火の会」を毎月開催。その活動を軸に、都市と自然で優れた教育環境をつくる非営利法人を設立。目標は都心の小学校校庭で焚き火をすること。活動記録やエッセイをnoteで公開中。noteID : maedadaisuke

松永暢史(まつなが・のぶふみ)
1957年東京都生まれ。慶應義塾大学文学部哲学科卒。V-net教育相談事務所主宰。教育環境設定コンサルタント、能力開発インストラクター、そして受験プロ。音読法をはじめ、作文法、サイコロ学習法などさまざまな学習法を開発してきた。『男の子を伸ばす母親は、ここが違う!』(扶桑社)、『頭のいい子を育てる母親は、ここが違う!』『未来の学力は「親子の古典音読」で決まる!』(ともにワニ・プラス)など著書多数。

子供がぐんぐん伸びる「オンライン学習」活用術

2021年1月10日　初版発行

著　者	前田大介+松永暢史
発行者	佐藤俊彦
発行所	株式会社ワニ・プラス 〒150-8482 東京都渋谷区恵比寿4-4-9　えびす大黑ビル7F 電話　03-5449-2171(編集)
発売元	株式会社ワニブックス 〒150-8482 東京都渋谷区恵比寿4-4-9　えびす大黑ビル 電話　03-5449-2711(代表)
ブックデザイン	前橋隆道　千賀由美(Tokyo Synergetics)
DTP	小田光美(オフィスメイプル)
印刷・製本所	中央精版印刷株式会社

 ISBN 978-4-8470-9996-0　Printed in Japan
ワニブックスHP https://www.wani.co.jp